转变会风从办会开始

田建国　著

中国铁道出版社

2016年·北京

图书在版编目(CIP)数据

转变会风从办会开始 / 田建国著．—北京：中国铁道出版社，2016.1

ISBN 978-7-113-21056-4

Ⅰ.①转… Ⅱ.①田… Ⅲ.①会议—组织管理学 Ⅳ.①C931.47

中国版本图书馆 CIP 数据核字(2015)第 251411 号

书　　名：**转变会风从办会开始**

作　　者：田建国　著

策　　划：罗桂英

责任编辑：王洪钦　　　**电话**：010-51873179

封面设计：王镜夷

责任印制：郭向伟

出版发行：中国铁道出版社（100054，北京市西城区右安门西街 8 号）

网　　址：http://www.tdpress.com

印　　刷：北京鑫正大印刷有限公司

版　　次：2016 年 1 月第 1 版　2016 年 1 月第 1 次印刷

开　　本：880 mm×1 230 mm　1/32　印张：9.75　字数：193 千

书　　号：ISBN 978-7-113-21056-4

定　　价：32.00 元

序

召开会议，历来是各级机关、社会团体、企事业单位沟通情况、交流信息、研究问题、作出决策、指导和推进工作不可或缺的有效形式。而筹办会议则是各级办公部门的一项经常的不可忽略的重要工作。会议要开出质量、开得成功比较难，而做好各项会务工作也非易事。以往，有关办好会议的书籍和资料并不少见，我也曾欣读过、学习过、参考过，受益匪浅。然而，看了田建国先生写的《转变会风从办会开始》的书稿，令人耳目一新，顿感别具特色。

特色在于新意。近些年来，随着党风政风革新，会风亦有改观，有种清风扑面之感。会风连着作风。

作者面对新的时代、新的风尚，不是就事论事地平铺直叙，而是站在转变会风的高度，以全新的视野，思考如何开好办好会议，体现了登高望远、与时俱进。把转变会风作为办会的切入点、出发点和着力点，角度新了，立意高了，不仅给人以新的启迪，也能引发开会者、办会者新的追求。

特色在于新颖。办文、办会、办事，是大大小小机关工作人员的三项基本功，而办会则更需集办文、办事之长，其中蕴含着很多认识性、知识性、规范性的东西。作者曾经编著过《会务工作参考》一书，这次不是简单的修订再版，不仅在理念上有新意，在写作方法上也很新颖。改变章节叙述形式，以一位初入行者善于学习，一位长于行者善于帮带为线条，采用讲故事的形式，把筹办会议的知识、经验、教训等，从宏观到微观，从常规到细节，以提出问题、回答问题的方式，娓娓道来，循循善诱。语言通俗、生动，思路清晰、顺畅。从认识会议开篇，到提示典型会议要点结束，由浅入深，由表及里，层层展开，讲得清清楚楚、明明白白，让人读起来感到亲切、信服。我觉得，对于一个业余作者来说，这种匠心是非常难能可贵的。

特色在于新思。筹办会议没有高深的理论，但有规律可循，没有统一的标准，但有更高的要求。关键在于对规律的认识并付诸于实践。作者长期在办公系统工作，曾经参与、组织乃至负责过许多不同类型的会务工作。丰富的经历、阅历，加之其有心、用心，善于总结提高，能够从那些亲身经历的、琐碎的、繁杂的、平凡而又普通的一件件具体的办会工作之中，去感悟、去摸索、去总结、去提炼，形成一套完整的会务工作体系。这些实践经验的升华，既不落俗套，又密贴新的形势，充实新的思考，则不能不说是珍贵的财富。

特色不仅如此。作者审视问题的视角，介绍实做经验的细腻，提出避免漏洞的建议等等，都有立新之处。我要为作者对会务工作的专心和执着点赞，更为他的耕耘和收获点赞！

书是用来看的。有的书给人以愉悦，有的书授人以智慧，而当拥有这本书的时候，或许得到的还不止这些。我真诚地祝愿努力实现作者的初衷，转变会风从会议的筹备开始，让清新的会风体现在每一次办会的过程之中，萦绕在每一个会场之上，常驻于与会者和所有办会者的心里。

蔡克芳

二〇一五年十二月

写在前面的话

每逢年末，许多单位或部门总是要召开一个年度工作总结会，回顾和总结一年来工作的体会和经验，对新一年的工作进行全面部署，这似乎已经成了惯例。但2012年底的总结会却悄然发生了一些变化。

有这样一个例子，某机关召开年终总结会，会场布置简单得不能再简单了，没有鲜花点缀，没有干果、饮料，每个人面前只有一个喝水的杯子。通知开会的时间刚刚到，主持会议的领导便宣布开会。他要求所有发言的人讲短话，不讲套话；讲实话，不讲虚话；讲不足，不讲成绩。他说，你自己的工作做得好，大家都看在眼里。但是，哪些事情没有办好，你自己的心里最清楚，应当自己找原因。按照会议主持人的要求，大家把事先准备好的发言稿都收了起来，围绕一年来工作中存在的不足和问题，进行了坦诚的发言，并且提出了今后的设想、改进的措施和工作的目标。开会的时间比预计短了许多。会后，参加会议的人对会议的开法议论纷纷，多数人认为这样开总结会既简单又实际，没必要搞那些形式上的东西。也有人认为，开总结会不讲成绩，只说不足，似乎有些不尽情理。至于会议的开法，大多数参加会议的人认为还是可以接受的。

这是一个真实的故事。从这个故事中，使人看到了一些变化，感到有一股清新的会风扑面而来。从整个会议的过程来看，一是会场布置得“简单得不能再简单了”，使人感到了俭朴之风；二是会议在预订的时间刚刚到就开始了，使人感到了守时之风；三是发言的人讲短话、讲实话、讲不足、讲措施、讲目标，不讲假话、虚话、套话，使人感到了务实之风；四是会议的时间“短了许多”，使人感到了惜时之风。

“俭朴”、“守时”、“务实”、“惜时”，正是我们召开会议所应当提倡和坚持的良好风气。

我在想，开会的目的是什么？当然是要解决某些问题。召开总结会的目的，就是回顾和检讨过去、展望和谋划未来。诚然，主持会议的领导要求发言的人只讲不足，不讲成绩，确实让很多人感到有些突然。按常理，总结应当一分为二，经验往往少不得从成绩中提炼，而教训大多存在于失误之中。总结的目的在于发扬成绩、纠正错误、明确方向、推进工作。而查找不足、总结教训，对于做好工作更有意义。仔细想一想，这样开总结会，虽然让有些人觉得过于苛求，而出发点还是为了更好地工作，那又何尝不可呢？

如今，会议已经成为各级党政机关、社会团体、企事业单位一种普通得不能再普通的办公形式，或者说是公务活动方式。开会是再经常不过的事了，几乎每天都在开着大大小小、各种各样的会。但开会也是要节制的。如果把时间都用在开会上，哪还会有时间去办实事？如果开会时人人都自我表扬、互相奉承，哪还会有不同的声音？如果会议上虚话假话成风，哪还会有求真务实的精神？如果追求场面、满足虚荣，哪还会有朴素和节俭的作风？由此可见，会风连着作风，会风是作风的重要表现。因此，大力提倡清新的会风、大力培养务实的会风，对于改进工作作风，提高会议效率和会议质量至关重要。

2013 年全国“两会”召开之前，全国人大对改变会风提出了 15 条措施：严格控制会议经费支出，努力做到实际支出低于预算；简化会场布置；倡导代表发言紧紧围绕会议主题，不讲空话套话，不作汇报工作性、一般表态性发言；改进会议简报编写发送方式；按照中央规定的字数和时长做好党和国家领导人参加会议的报道，把更多的版面和时段留给基层代表；坚持代表统一乘坐大车制度，尽可能不封路，合理控制交通管制的规模和时间；机场、车站和代表团驻地不搞迎送仪式；代表入住的房间不摆放鲜花；严格执行会议伙食标准，坚持代表集体吃自助餐，不安排高档菜肴、酒水；不接受各单位、部门、团体向代表赠送的图书、参考资料或产品，控制非会议材料的发放；不组织代表参加与大会议程无关的活动；不组织宴请活动，不举办大型联谊活动，不赠送礼品、纪念品、土特产品，不搞专场文艺演出；禁止产品供应商以大会名义进行广告性宣传；严格控制会议工作人员；按照简约、简朴原则安排各项会务，节约每张纸、每度电、每滴水，从严控制租用宾馆（摘自《人民日报》2013 年 1 月 30 日第二版）。这些规定，字里行间都体现了经费节俭、程序精简、人员精干、会风清新、作风转变。

我在办公系统工作多年，曾经承办过很多大大小小的会议，也积累了一些经验，对会议的组织和筹备工作算是一个内行。看了上面这些实例，我受到了很大的启发。在会议组织和筹备的过程中，就应当提倡和体现崭新的会风，把会议办得更节俭、更紧凑、更务实、更管用。

1997年，我曾经在领导的鼓励和支持下，与同事们一道编写了一本小册子，叫作《会务工作参考》。为了体现务实的精神，提倡崭新的会风，中国铁道出版社约我把这本小册子再行修改、补充、完善，使其更加实用。当编辑部的同志找我商谈这项工作的时候，我真的感到难以胜任，唯恐不能满足读者的需求。好在当今社会对不良会风反映强烈，各级党政机关和企事业单位对改进会风的认识正在逐日加深，许多单位都制定了改进会风、转变作风的制度和办法，会议的组织形式和程序设计都发生了很大变化，这对办好会、开好会，提供了强大的舆论支持和实践验证。又好在富有多年实践经验的王鹤峰等同志大力支持，提供了很多好的素材，为我增添了几分勇气。还有一位老领导曾经对我说过，把你的经验，哪怕是教训，讲给别人听，让他们不再走你所走过的弯路，这是一件善事，也是一件好事，你应当认真地去做。这似乎又是对我的鼓励和鞭策。于是我答应了出版社的要求，利用业余时间，把曾经留下来的一些资料拾掇起来，经过了一番思考与斟酌，再行去粗取精的加工，又参阅了一些相关的报刊和书籍，终于比较顺畅地完成了初稿。本书以转变会风为主线，以典型事例为佐证，像讲故事似的，把会议的组织筹备工作串起来，逐一叙述，让读者在一个个故事中去体会会议筹备中的每一个细节，去感悟办会中的酸甜苦辣，去掌握筹办会议的学问与技巧。

在多年的工作实践中，我深深地体会到：从会风看作风，会风好，则作风正，会风不好，则作风不硬。我观察过许许多多不同类型的会议，有的会议内容不多，但会期很长，会议开得拖拖沓沓、懒懒散散，让人提不起精神；有的会议领导讲话太长，一讲就是三四个小时，讲话的人口干舌燥，场内打瞌睡、场外闲聊者大有人在；有的会议不注意俭朴，甚至过于奢华，铺张浪费，仅台上的鲜花就摆了里三层外三层；有的会议主题不突出，会议的程序紊乱，会后不知道开的什么会，更不知道领导在会上讲了些什么。类似这样的会议失去了它的本来意义，应当坚决革除。

细想起来，如果在开会之前，对所有程序精心设计，使其更加紧凑，会期就可能缩短一些；如果领导的讲话写得精炼一些、实在一些、务实管用一些，也许就没有会场内外打瞌睡和闲聊的人；如果把会址选择在离单位最近或者利用本单位的会议室，就会大大降低会议成本；如果会议用餐一律采用自助的形式，与会人员对饮食的选择性更大，吃得会更好。由此可见，良好的会风，与会议的组织筹备工作不无关系。换句话说，改变会风，应当从组织和筹备工作开始；良好的会风，应当体现在组织筹备的各个环节与程序之中。

会议的组织与筹备工作没有高深的理论，但有繁杂的工作；没有统一的标准，但有严格的要求。按照转变会风、建设清新会风的要求办会，就要把筹备工作做实做细。制订详细的筹备方案，梳理清晰的工作思路，明确具体的责任分工，执行严格的制度规定，履行精准的作业程序，所有这些，都是做好会议组织筹备工作所必须的。会议能否开好，会风能否转变，很大程度上取决于会议的组织与筹备工作做得好不好。

有人把会议组织与筹备工作列入公共关系的范畴，强调会议组织遵循一定的礼仪规范。也有人把做好会议组织与筹备工作列入办公室工作的基本职责，把办好会议作为发挥办公部门参谋助手作用的重要表现形式。我以为，筹备会议在单位内部是管理工作的一部分，而涉及本单位以外的会议，便成了一种社会活动，因此，筹备会议既要讲究按规矩办事，按制度办会，也要讲究一定的礼仪规范，二者并不矛盾。

筹备会议是一个系统工程，涉及范围宽泛，具体工作繁杂，但关键在于遵循一定的程序。会议的筹备工作既有礼仪规范的要求，又有其内在的程序要求和明确的制度规定，有些程序和规定甚至是法定的。无论是礼仪规范，还是严格的制度规定，都是各级办公部门和工作人员在筹办会议时必须掌握和遵循的。

对会议组织与筹备工作进行比较系统的梳理和总结，提炼有益的方法和经验，探索其内在的客观规律，并且应用于实际工作之中，让办会不再铺张，让会议开好管用，这是我多年的愿望，也应当成为这本小册子的功能与责任。

会议的组织与筹备工作受会议的类型、规格、规模、内容、人员、时间、地域等诸多因素的影响。为了使读者能够更直观地了解和掌握会议筹备工作的内容、方法和要求，在编写过程中除了介绍一般会议的筹备工作外，还对一些典型的、常见的会议组织形式和工作要点作了专题阐述，力求使读者能够从中有所启示，有所借鉴，有所帮助。

田建国

二〇一五年十二月

目　录

第一篇　会议与会务

第二篇　会务工作基础

第三篇　会务工作实务

第一篇　会议与会务

开会是最常见的一种交流形式。全国上下，各行各业，每天都要开各种各样的会。这些大大小小的会议怎样开，什么时间开，在什么地方开，会议要解决什么问题，达到什么目的，需要有一批专职人员来思考并从事许许多多的具体筹备工作。因此，了解和掌握办会的一些基本知识和工作技巧，才能在转变会风、建设清新会风中发挥积极作用。“会议与会务”作为开篇，正是出于这样的考虑。

本篇涉及会议和会务工作的概念，会议的分类、形式及其作用，会务工作的内容、特点和做好会务工作的一般要求。

第一章

认识会议 1

王磊是一名中文专业的大学本科生，刚刚毕业就被分配到局办公室（党委办公室）综合科工作。上班的第一天，科长让他跟老张一起着手全局“创建服务型机关经验交流会”的筹备工作。这对小王来说是一项全新的任务。从哪儿入手呢？于是他虚心地向老张请教了如下一些问题。

第一个问题：会议的定义

老张耐心地向小王解释，从字面上理解，“会”有相会、汇集的意思，“议”有商量、商议的意思。“会议”便是人们相互交往、聚集议事的一种活动方式。一般情况下，参加会议的人数至少要三人以上。“为什么呢?”小王有些不明白。老张说，在我国民间很久以前就有“三人成会”的俗语，意思是说，开会至少要有三个人，若只有两个人商量或讨论某些事情，则叫“交谈”或者叫“谈话”。接着，老张又像背书一样引用了《现代汉语词典》中对会议的表述：会议是“有组织有领导地商议事情的集会”[见《现代汉语词典》(第六版) 第582页]。从这个解释中不难看到，会议是集会的一种形式。但会议又不同于集会，会议赋予集会以“商议事情”的本质要求，并且明确这种集会是“有组织、有领导”的。会议也不同于聚会。聚会往往是自发的，而会议则是有组织、有领导的；聚会有相会的意思，而会议则是要“商议事情”。由此可见，会议是一种有组织、有领导的议事形式。说到这儿，小王似乎有些明白了，原来会议还有这么多的解释。老张顿了顿，又说：如今，会议已成为政府机关或企事业单位及社会组织沟通情况、布置工作、研究问题、协调关系、交流经验和推动工作的公务形式之一。正如我们要筹办的“创建服务型机关经验交流会”就是交流经验的一种形式。其实，会议还有另外一个解释，就是指“一种经常商讨并处理重要事务的常设机构或组织”[见《现代汉语词典》（第六版）第582页]。比如政治协商会议等。今天我们所说的“会议”，是指活动的形式而不是组织机构。

第二个问题：会议的基本构成

对于会议的概念，小王似乎听懂了。可是，开会总要有人提出议题，在什么地方开，哪些人来参会，会议怎么开呢？小王缠着老张不停地问。

老张笑了笑，不慌不忙地讲起了会议的基本要素。

构成会议的要素很多，诸如会议的发起、会议的形式、会议的议题、会议的效果，等等。归纳起来，任何一个会议大体上是由以下一些基本要素构成的。

（一）会议的召集人

正如前面我说过的那样，会议是“有组织、有领导地商议事情的集会”。既然是有“组织”的，就有了召集开会的人（单位领导或部门负责人），会议的召集人就是会议的发起者。通俗点说，就是把参加会议的人召集在一起。当然，参加会议的人也是有选择的，什么人参加，什么人没有必要参加，什么人要全程参加，什么人只需要参加某个问题的研究，是根据会议要解决什么问题决定的。这就是会议的第一个要素。

（二）会议的主持人

会议的主持人可以是具体的人，也可以理解为是一级组织。如有的代表大会，就是由大会主席团主持，主持人由大会选举产生的主席团执行主席担任。主持人是代表召集会议的单位履行组织和管理职责的人，他的主要职责就是按照一定的程序，完成会议的预定任务。这是会议的第二要素。顺便说一句，会议的主持人与召集人可以是同一个人或同一个单位，但召集人未必一定是主持人，二者是有区别的。

（三）会议的议题

会议要商议某件事情或者是某些事情，就形成了会议的议题。会议的议题一般由主持会议的单位领导提出或确定，也可以由参加会议的人提出建议，经主持人同意提请会议研究、讨论。会议议题可以是一个也可以是多个。人们围绕预先确定的议题进行商议。这就赋予会议一定的目的性。没有议题或主题的会议不能称其为会议，而是闲聊。

（四）与会人员

与会人员就是参加会议的人。参加会议的人是议事的主体。会议的主办单位或会议的召集人根据会议的议题，确定参加会议的人员。与会议议题无关或关系不大的人没有必要陪会。陪会现象是形式主义的一种陋习。

“对。”小王附和着，“那些无关的人来开会，不仅是一种陋习，同时也是一种浪费。”

“说得好。可是你知道怎样才能改变这种陋习呢?”老张说，“最好的办法，就是制定严格的会议制度，根据会议需要，对参加会议的人数和范围作出相应的规定，明确什么会议该由什么人参加，什么人不能参加。”

（五）会议的组织形式

任何会议都有一定的组织形式。会议类型不同，其组织形式也不尽相同。采用哪一种形式开会，要综合考虑会议的主题、会议的性质等诸多因素。有的会议是为了研究和解决问题，对某些问题作出决策，这样的会，我们称其为议事类会议（如办公会、协商会等）。议事类会议多采用围坐式，所有与会人员面对面地研究和讨论问题。也有的会议是为交流经验或者听取报告，这类会议称为非议事类会议（如动员会、报告会等）。非议事类会议则多为课堂式的形式。经验交流或示范性会议，采用现场会议的形式会更直观，效果更好；动员和布置工作，可采用电视、电话会议或网络视频会议等形式。电视、电话会议和网络视频会议的成本最为经济。

（六）会议名称

会议名称是会议主题的简明标示。一般由召开会议的单位、会议的限定范围、会议的主要内容、会议形式等组成。比如，我们将要筹办的“创建服务型机关经验交流会”，严格地讲，加上我们单位的名称，就比较完整了。其中，单位的名称实际上既明示了召开会议的单位，同时也明确了参加会议的范围，会议的主要内容是交流如何创建服务型机关的经验，而会议的形式是经验交流会。会议名称可以直接用来制作会标。应当注意的是，会标不能使用简称。这个问题，后面我再给你专题介绍。

（七）开会的时间

开会的时间有两种解释。一是会议开始的时间；二是整个会议需要的全部时间，也就是会议从开始到结束的时间。会议需要的时间也称之为会期。会期要根据会议的目的和会议的预期效果来确定，但要注意尽量压缩。如果会议的程序安排过于松散，与会人员的精力就难以集中，会议的效果就会大打折扣，我们提倡开短会、开务实管用的会、开解决实际问题的会。

（八）会议的地点

会议的地点也有两种解释。一是指会场，即开会的场所；二是指地域，如某一会议在某地召开。会场要按照参加会议的人数和会议的形式来确定，不可以过于空旷，也不可以过于拥挤。空旷的会场，显得冷清，缺少会议的氛围；会场空间狭小，人员拥挤，让人心情烦躁，影响会议效果。此外，召开会议的地点，要尽可能方便与会人员到会。

（九）会议议程、日程与程序安排

任何会议都要有一个具体的安排，什么时间开始，先做什么、后做什么，都要在开会之前确定下来。会议的议程、日程和程序虽然都是为会议排定的先后顺序，但严格地讲，它们是有区别的。会议议程通常是指会议上对议题或议案进行研究讨论的总体安排。会议日程是会议各项活动在会期内按日排定的程序，即每一天中的议程安排。而会议程序是为完成会议议程而对会议各项活动依次排列的顺序，是对会议议程或日程的具体化。

（十）会议文件

会议文件是指会议形成的所有文字材料。如领导讲话稿、与会人员发言稿、工作报告、经验介绍材料、会议简报以及会议参考资料，等等。所有会议的文字材料都应在会前作好准备，必要时要提前发给与会者。

（十一）会议所需设备和物品

任何会议都会需要一定的设备和物品。在筹办会议的时候要本着节约的原则，精打细算，但仍然要准备必要的设备和物品。包括摄影摄像设备、音频视频播放设备、投影设备、录音设备、扩音设备，以及文件袋、纸张文具等。

（十二）会议的效果

会议的效果也是会议的要素之一。通常往往被忽视。开会的目的是要解决问题，看决策是否正确，问题是否解决了，解决的程度如何。虽说这已经超出了办会的范围，但作为会议的组织筹备者，在设计会议的筹备方案时应当对会议的效果进行预分析和论证，而不是满足于会议开过后就完事大吉。要知道会议开过之后，抓好会议精神的宣传贯彻和决定事项的落实，比开会本身更重要。

老张一边滔滔不绝地说，小王一边埋头在小本子上记。虽然手都有些酸了，可心里却对老张多了几分敬佩。

第三个问题：会议的分类

老张对会议的要素的阐述，激起了小王的兴趣。小王问道："您刚才讲到有的会议叫议事类会议，有的会议叫非议事类会议。除了这些，会议还有其他分类方法吗？"老张喝了口水，不紧不慢地告诉他，会议的种类很多，而且还有不断增多的趋势，如"通气会"、"吹风会"等。会议的分类方法也不尽相同，我们可以按照会议的主题、性质、功能、形式、频率、规模等进行分类。一般常见的分类方法有以下几种。

（一）按照会议的主题分类

前面说过，开会总是要有主题的。不同的会议有着不同的主题。如专题研讨会、民主协商会、民主生活会、报告会、表彰会以及各种座谈会、庆祝会等。这种分类方法，把会议的主题或会议的主要内容可以直接体现在会议的名称之中。这类会议的特点是，议题往往比较单一，形式比较简单，与会人员的构成指向性较强。

（二）按照会议的性质和功能分类

按照会议的性质和功能，可以把会议分为议事类会议和非议事类会议。议事类会议，如工作会议、代表会议、专题会议等，这些会议对与会人员的构成有比较严格的限制，会期一般按照会议的议题多少来确定。非议事类会议，如总结表彰会、经验交流会、报告会等，对与会人员的人数和身份界定比较宽泛，会期则有长有短。展销会、展览会、运动会也属于非议事类会议。

（三）按照会议召开的形式分类

可以分为场所会议、现场会议、电视电话会议、网络视频会议、广播大会等。会议召开的形式取决于会议的内容。

（四）按照会议召开的频率与周期分类

可以分为例行性会议（定期会议）和临时性会议（不定期会议）。例行性会议包括按照某些规定，定期或延期召开的会议，如明确标明届次的会议、年度、季度会等。例行性会议往往有比较固定的模式，会议的议程和参加会议的人员范围基本保持不变。临时性会议是为解决某一问题或某些问题而临时召开的，参加会议的人员则根据研究和解决问题的需要确定。

（五）按照与会人员的构成分类

可以分为党员代表大会、职工代表大会、新闻发布会等。这类会议的特点是，对与会人员的限定比较严格，尤其是代表性会议，不仅对参加会议的人员进行严格的资格审查，对出席会议的人数和会议程序也有严格的规定。新闻发布会则是以发布或通报信息和回答记者提问为主，形式和内容都相对简单一些。

（六）按照会议的规模分类

可以分为大型会议、中型会议和小型会议。一般与会人数在 500 人及以上的为大型会议（也有人认为大型会议的人数应当在 1 000 人以上），不足 100 人的为小型会议，介于二者之间的为中型会议。有些中小型会议对于一个单位而言，有时也称其为大会，如全厂职工大会、机关干部大会等。会议的内容决定会议的规模。

第四个问题：会议的作用

老张说，不同类型的会议其作用也不尽相同，下面我就给你介绍一下会议的作用好吗？小王高兴地点点头。

会议的类型不同，其作用也不尽相同。议事类会议具有广泛征求意见、实行民主决策，加强沟通协调、形成统一意志，号召动员群众、改进推动工作的作用；非议事类会议具有交流共享信息、沟通联络情感、增进彼此了解、建立公共关系、展示自身形象等作用。

会议的作用综合体现在以下七个方面。

（一）集思广益、民主决策

各级组织在制定决策之前，按照民主集中制的组织原则，以会议的形式，由所有参加会议的人员对某个或某些问题进行充分的酝酿、讨论和研究，对决策的可行性进行分析、判断和论证，以决议或纪要的形式部署或布置工作。这样的会议，使决策的制定既充分体现多数人的意志，促进民主决策、科学决策，又使决策的贯彻落实有了比较扎实的思想基础。

（二）统一思想、号召动员

任何决策，都是通过对人的组织而实施的。在决策实施之前通过召开一定范围的会议，由主持会议的负责人就某项工作的目的意义、方式方法、工作标准和实现目标，向所有参加会议的人员作详细的阐述和说明，以赢得广泛的理解、拥护和支持，形成推动工作的强大合力。这样的会议，把领导层的决策意图变成群众的共同责任和义务，为决策的实施奠定坚实的思想基础和群众基础。此外，一些报告会，还具有情绪感染、鼓舞鞭策和精神导向的作用，有助于向心力、凝聚力、执行力和推动力的形成。

（三）通报信息、沟通情况

决策的实施，往往需要几个部门各负其责、协调运作。通过会议的形式，沟通情况、通报信息、协调关系，做到上情下达，下情上传，使实施决策的各个部门的工作状况，及时传送给决策者，使决策者对决策的实施过程实现全方位的了解和掌控。与此同时，执行决策的各部门间相互通报信息，增进相互了解，密切相互配合，有利于形成相互促进的激励机制，提升工作质量和效率。

（四）督促检查、推动工作

在决策实施的过程中，各相关部门必须满足既定的工作标准和时间要求。通过会议的形式，对决策的实施过程进行阶段性地督促检查，及时有效地采取积极措施，强化薄弱环节，防止有关部门各行其是、推诿扯皮，避免相互矛盾、互相干扰，预防和纠正决策实施过程中出现的偏差，从而保证决策不折不扣地得到贯彻落实。

（五）交流思想、增进团结

会议为人们相互交往提供了面对面的场所和机会。通过会议，人与人面对面地直接接触，彼此交换信息、沟通思想、增进了解，有助于构建和谐环境。尤其是专门为加强各级领导班子思想作风建设而召开的民主生活会，通过开展批评和自我批评，使与会人员敞开心扉、坦诚相见、开诚布公地交换意见，有助于相互理解、消除隔阂，化解矛盾、增进团结。

（六）展示形象、增进友谊

会议还具有展示形象和联络感情的功能。这些会议不同于议事类会议，或者以交流和通报信息为事由，或者为礼仪礼节而举办，或者为建立和巩固公共关系而相邀，或者为树立和展示自身形象而联络。通过会议的形式，使与会者在会议交往之中，建立起彼此相互信任的和谐氛围，既搭建了相互间友好往来的平台，建立起良好的社会公共关系，又为各自的发展树立了良好的社会形象。

会议的作用取决于会议的内容和目的，会议的效果受多种因素的影响，并不是所有的会议都具有上述全部作用。任何会议都不是万能的，也不是唯一的工作手段。我们在任何时候，绝不可以指望开一次两次会议，就可以解决所有问题。那种认为会议开了事情就办了的想法是错误的。靠会议去落实会议是形式主义的表现，更要坚决反对。

（七）会议的消极作用

除了上面的积极作用之外，会议还有些消极作用。会议的消极作用主要体现在以下几点。

一是消耗时间。凡开会必然要占用一定的时间，与会人员越多，会期越长，花费的时间成本就越大。

二是消耗精力。无论是会议组织者还是参与者，在会议期间都会产生体力和脑力的消耗，并且与会议的规模、内容以及会期成正比。

三是消耗资源。承办一次会议总是与资源的消耗相伴的。包括文具纸张的消耗、食品的消耗、燃油和水电等能源的消耗等等。

四是消耗资金。会议室占用、相关设备的租赁、与会人员的食宿、交通等都属于会议的成本支出。

五是信息的简单重复。有些会议只是层层传达，重复上级会议的精神，并不结合本单位、本部门的实际，事实上是在复制信息，这种会议的成本更大。

由此可见，必须对会议加强管理和严格控制，努力提高会议质量和会议效率。而大力精简会议、有效控制规模、压缩会议成本，是克服会议消极作用的重要措施。

上班的第一天，小王就听老张讲了这么多会议知识，顿时感到收获不小。心里盘算着，明天还要向老张请教到底怎样才能完成好科长交办的筹备“创建服务型机关经验交流会”的任务。

第二章

了解会务

2

第二天，老张很早就来到办公室，打开了电脑。他今天要给王磊放一段视频，让小王再进一步了解怎样做好会议的筹备工作。这段视频是老张在全局秘书工作培训班上的讲课录像，主要内容包括会务工作的概念、作用、特点，做好会务工作的原则、基本要求和注意事项。下面就是老张讲的内容。

第一个问题：会务工作的概念

会务工作的本义是有关会议的全部服务性和事务性工作，是会议的组织与筹备过程中各项工作的总和。会议开得成功与否，取决于会议参加者对会议目的的理解、对会议议题的思考、对会议决策的态度和会议决策的贯彻落实。而会务工作做得好不好，将会对会议的效果产生直接的影响。

什么是会务工作呢？会务工作是根据会议要求，围绕会议主题，在会议进行前、会议进行中和会议结束后形成和展开的一系列组织、管理和服务工作。从它的定义来看，会务工作在要求上体现“两个前提”，在环节上突出“三个阶段”，在职责上具有“三个基本功能”。

（一）“两个前提”

“两个前提”是指会务工作要根据会议要求、围绕会议主题而展开。“根据会议要求”是指会务工作要根据会议领导对会议的主要任务、召开会议的形式、与会人员的构成、会址的选择以及会议服务等方面的具体意见而展开。“围绕会议主题”是指会务工作要按照会议的不同类型和主题，确定会议组织方式、服务内容和礼仪规范。如工作会议应当严肃、庄重，庆典类会议应当隆重、热烈、简朴等。“根据会议要求”和“围绕会议主题”这两个前提是做好会务工作的主要依据。

（二）“三个阶段”

“三个阶段”是指会务工作存在于会议召开之前、会议进行之中和会议结束之后。这三个阶段构成了全部会务工作的基本框架。就其工作量而言，会议召开之前的准备工作是最多的。通过大量细致的工作，为会议的召开和顺利进行奠定扎实的基础。而会议进行中的会务工作大多是按照既定的程序提前做好相关准备和服务工作，从而保证会议的各项议程有序进行。会议结束了，不等于会务工作就结束了，还有许多善后工作要完成，包括组织与会人员返程、清算各种费用、归档会议资料、清理会议用品、做好会务工作总结、督促检查会议精神的贯彻落实，等等。

（三）“三个基本功能”

“三个基本功能”包括组织功能、管理功能和服务功能。其中以服务功能最为突出。会务工作的组织功能体现在会议程序的编排与落实上，使会议能够按照既定的主题、既定的时间、既定的地点、既定的人员和既定的安排有条不紊地进行。会务工作的管理功能包括对人的管理和对物的管理两个方面。对人的管理是按照会议的主题和内容对参加会议的人员提出约束性要求，实现有序管理；对物的管理是指对会议文件、会场设备、交通工具以及物品的管理，使其正常运转、不出差错。会务工作的服务功能不仅仅体现在对与会人员的服务上，更重要的是为会议的目的和会议的质量服务，保证会议顺利进行，并达到预期目的。

会务工作是一个系统工程。从组织到安排，从管理到协调，一切为会议服务，并且贯穿于会议的全过程。会务工作同其他工作一样，有着自身的内在规律，强调程序化、制度化、规范化，体现系统性和相对独立性。因此，认真研究会务工作的内容、要求、方法、程序，摸索工作规律，使其逐步达到规范化、标准化、制度化、科学化，这既是会务工作的努力方向，也是做好会务工作的根本要求。

第二个问题：会务工作的作用

会务工作的展开，取决于会议的规格、规模和会议的类型。不同规格、不同规模、不同类型的会议，其会务工作的内容也有繁有简、有多有少，工作程序也因会而异。但是，无论会议规模大小，也无论工作内容繁简，会务工作对会议的效率和质量，都会产生直接的影响。就其共性而言，会务工作的作用主要体现在以下几个方面。

（一）组织与协调作用

组织与协调是贯穿于全部会务工作的一条主线，涉及与会议相关的所有部门和人员。它包括内外两部分。

对内的组织与协调主要有三项内容。

一是对与会人员的组织管理。如制发会议通知，对与会人员进行资格审查，组织报名、会议签到，完成会议所有程序，以及在会期内组织会外活动等。

二是对出席会议领导的协调。包括确认出席会议的有关领导、到会的时间、坐席的安排、会议进行中的主要工作提示，以及他们在会议期间的相关事务安排等。

三是对会务工作人员的组织与协调。做好会议的组织与筹备工作往往需要组建临时工作机构，并在机构内部设置不同的岗位，安排相当的人员，负责各个方面的工作。各部门、各环节的工作是否协调一致，直接影响会议的效果和质量。因此，组织和协调好会务工作机构内部的分工与运作，至关重要。对会务工作人员的组织与协调的工作内容，主要包括：抽调一定数量的工作人员，召开筹备工作机构会议，确定会务工作机构的岗位设置和岗位职责，制定会务工作制度，检查工作质量和进度，进行会务工作总结等。

对外的组织与协调包括两方面内容。一是对上级主管部门或相关单位来宾，以及其他列席会议人员的组织与协调。包括邀请函的送达与回执的确认，做好来宾的接待工作等。二是对与会议相关又不相隶属的单位和人员的组织与协调。如与会人员的医疗服务、卫生防疫、交通管理、安全警卫等相关部门与人员的组织与协调。

（二）“参谋”和助手作用

“参谋”和助手的作用，突出体现在会议文件的准备工作中。任何会议都会有文件，即使是非议事性会议，也会有一些介绍性、说明性的信息资料。需要说明的是，有些文件或资料并非都是纸质的，有些信息是通过音频、视频传送的。但无论何种形式，终究需要人工准备。而会议文件的准备，在很大程度上影响着会议的质量和效果。因此，作好会议文件的准备，是会务工作中一项十分重要的工作。

会议文件一般包括领导讲话、报告，供会议研究讨论的各种提案、议案、草案，会议进行中的文字工作，如会议记录、起草纪要、编发简报、拟写会议决定或决议，用于会议交流的经验材料，用于在会议上学习贯彻的上级文件，以及主持词、开幕词、闭幕词、领导或来宾的致辞，等等。除此之外，会务工作本身在会议的进程中也还会形成大量的文字材料，包括方案的起草、各项工作推进计划以及各种表格的准备等。严格地讲，这些也应属于会议文件的范畴。但它又有别于会议的讲话、报告，往往由会务工作机构内部自行准备，而不需要组成专门的秘书写作班子。会议的所有文字工作，包括上述文件的起草、缮印、分发、收退、保管、立卷归档等，都充分体现了“参谋”和助手的作用。

（三）服务与保障作用

组织筹备一次会议，往往要形成一系列的事务性工作。包括会议筹备方案的编制、会址的选定、议程的安排，以及会议的通知、会场的布置、会议签到、会议分组与组织讨论，以及会议值班和与会人员的迎送、住宿、餐饮、乘用车辆的调配、返程票务、医疗服务，还包括安排会外活动、编制经费预算、结算会议经费、会务工作总结以及会议期间突发情况的应急处置等与会议相关的事务性工作。这些事务性工作突出体现在为会议的服务之中。因此，所有会务工作人员的服务态度、服务能力、服务水平、服务质量和服务效率，在很大程度上影响会务工作机构的整体形象和工作质量，影响会议能否顺利进行。

任何会议都需要一个良好的秩序和安全的环境。会议的安全与秩序保障是保证会议得以顺利进行的重要条件之一。会议的安全与秩序保障工作包括对内对外两部分。对内，一是保证会议的安全。包括会场的安全、会议文件的安全、与会人员的住地安全、饮食安全、个人财产安全、交通安全等。二是维持会场秩序。包括按照预订计划实施会议的各项议程、有秩序地安排与会人员参加会议的各项活动、按照会议驻地的有关规定和要求，安排与会人员在会议期间的生活等。有些高规格的会议，还要制定相应规格的警卫方案，以确保出席会议领导的安全。对外主要是治安安全，包括协助维持会场周边环境的社会秩序、处置突发事件、协助维护出入会场及会场周边的交通秩序等。

（四）宣传与贯彻作用

会议的宣传作用体现在两个方面。一是会议的社会宣传。包括会议宣传方案的拟定、媒体记者的邀请与接待、会议宣传材料的制作（包括文字、图片、音频、视频资料等）、会议新闻通稿的起草与审定，记者采访和新闻发布会的各项准备工作，等等。二是对内宣传。如会议宣传提纲的编写、会场内外的宣传环境的布置、会议精神的传达贯彻以及组织会议精神的宣讲等。会议的宣传工作是宣传和贯彻会议精神的必要手段，是会议形式的外延，对于会议决策事项的贯彻落实有着十分重要的推进作用。

第三个问题：会务工作的特点

任何事物都有其内在的特殊性，会务工作也不例外。从多年的办会实践中，我们总结出会务工作的一些特点。了解和掌握这些特点，对于做好会务工作有着重要的指导意义。

（一）系统性

会务工作琐碎繁杂，千头万绪，并且相互交织在一起，构成了一个相对独立又相互影响的整体。大型会议的会务工作机构，是由各相关部门或单位抽调人员组成的。大家分别负责一个方面的工作，构成一个有机的统一体，各自的工作是紧密联系在一起的，彼此协调，互相配合，由此形成了会务工作的系统性。同时，会务工作的系统性决定了会务工作的严密性。会议是否圆满成功，在很大程度上取决于会议的组织是否严密紧凑，特别是“结合部”和相互衔接的地方。只有各个环节协调一致，形成合力，才能保证会议的各项工作有条不紊地进行。

（二）规定性

任何会议都有一定的规定性。时间、地点、日程和参加会议的人员等都是事先规定的。会务工作人员必须在规定的时间、地点，做好会议的组织和服务工作，甚至有些工作必须限时完成。否则，将会影响会议的正常进行。就其内容而言，要求所有与会人员必须紧密围绕会议主题参加会议的各项活动，而不能随意偏离；就其时间而言，要求在规定的会期内完成会议全部程序，不得随意拖延会期；就其与会人员的范围而言，会前已经明确，也不得随意缩小和任意扩大。除此之外，代表性会议对于会议的周期、代表的产生、主席团的构成、大会决议的形成等都具有明确的规定。由此可见，会务工作必须严格按照有关规定实施。

（三）从属性

会议组织与筹备的全部工作都是围绕会议的主题和领导的

意图展开的，因而具有很强的从属性。这就要求会务工作人员必须从会议的全局出发，根据会议的总体需要，发挥主观能动性，优质高效地完成好个人所承担的任务。一是要服从会议的日程安排，未经会议领导同意，不得随意变更。确因情况特殊，不得不临时调整或变更日程安排的，在会议领导批准后，会务工作人员应当以最快捷的方式通知所有与会人员，并做好调整后的会务工作。二是服从会务工作机构的安排，明确自身的工作职责，没有特殊情况，会务工作人员不得擅自离开工作岗位，确实需要暂时离岗时，应当在得到批准后，安排其他人员顶岗。在整个会议期间，每个工作人员都应当尽心尽力地做好本职工作。

（四）科学性

会议组织得好不好，在很大程度上取决于是否科学有序。“序”是指工作程序和工作秩序。会务工作既然是系统工程，就应当有良好的工作秩序和科学的工作程序。按程序办事，是会务工作本身的客观要求。特别是大型会议，规模大，规格高，要求严，其程序化操作更加重要。整个筹备和组织的过程层次多、环节多，如果没有统一、周到、细致的工作方案，东一把，西一把，你一句，我一句，就会打乱仗，甚至打败仗。先干什么，后干什么，脉络要清楚，层次要分明；你干什么，他干什么，分工要明确，配合要协调。整个工作过程都要有严密细致的组织程序，要一环扣一环。只有这样才能在整个会务工作中不出现任何纰漏。

（五）综合性

筹备一次会议，特别是大型会议，往往涉及人员管理、文件管理、机要管理、会场管理、财务管理、车辆管理、安全管理等许多方面。换句话说，会务工作机构承担着综合管理部门的职能。而这些管理职能又是通过大量的事务性工作实现的。做好事务性工作的关键，在于找准细节、抓住细节，有些看似细小的事情，一旦处理不当，也会对整个会议的效果造成不良影响。由此可见，会务工作具有综合性与事务性相结合的特点。

第四个问题：会务工作的原则

会务工作既然是一个系统工程，就要求各个环节、各个部门在会议的组织与筹备过程中各负其责、协同动作。为了保证会议的顺利进行和取得预期效果，在会务工作中应当坚持以下几项原则。

（一）服从的原则

服从会议领导的指示和要求，服从会议的主题，是做好会务工作的根本。

为什么开会？会上要解决哪些问题？召集什么人来参加会议？这些问题，首先产生于一个单位的领导。当然，办公室可以也应当提出建设性意见，最后由领导决策。当领导提出会议的意图之后，会务工作随即展开了。要把会议组织好、筹备好，就需要有人承办具体事务，同时也需要有人对所有会务工作负总责。尤其是大型会议，更要做好会务工作机构的组织管理。当然，总负责人太多也不行。管事的人一多，意见就往往不一致，发出的指令就可能有东有西、出现分歧。听谁的，不听谁的，具体工作人员最难办。这是会务工作中的一大忌讳。

服从不是盲从。会务工作人员要做好分内的工作。许多具体事情不可能都要领导亲自出面。每个人都能独当一面，各自为战。但各自为战不等于各自为主，遇事要多商量，自己拿不定主意的时候，千万不可擅自做主，靠想当然办事。要有组织观念和纪律观念，甚至要有政治意识，要按领导的意见办。有不同意见可以保留，但不听指挥不行。

（二）突出主题的原则

会务工作是围绕会议的主题和内容而进行的。在筹办会议的过程中，要紧紧围绕会议的主题，从日程安排、材料组织等各方面保证会议目的的实现。对需要重点研究解决的问题，安排充裕的时间，提供翔实的材料，以利于把问题议深议透。与会议主题关系不大的问题，尽量不作安排，以免冲淡主题。

（三）办事规范的原则

没有规矩不成方圆，筹办会议也是如此。虽然不同的会议有不同的开法，但总是有一定的规范要求的，尽管有些是约定俗成的，比如，会址的选择、例会的周期、出席会议的礼仪，又比如，会场的布置、领导的坐席排序、代表的选举产生、会议的开支等都有着明确的规范和要求。这些规范和要求，应当贯彻于会务工作的始终。

（四）高效有序的原则

会务工作往往有很强的时间要求，会务工作人员必须有高度的时间观念和强烈的效率意识。因为会议进行的时间是既定的，为了保证在规定的时间内完成会议的各项任务，取得预期的效果，就要把准备工作在最短的时间内做实做细。只有一事当前，主动承担，不推、不拖、不扯，并且高效率地完成筹备工作，才能保证会议的顺利进行。尤其是大中型会议，还要特别强调所有会务工作人员的整体效能，使任何一项筹备工作都有人管、有人做，做到忙而不乱，秩序井然。

（五）节俭朴素的原则

会议是有成本的，会议开支也是有标准的。会务工作要精打细算，该花的钱要花得值得，不该花的钱，一分也不能花，绝不可大手大脚、铺张浪费。一是严格控制会议数量，不开可开可不开的会；二是严格控制会议的时间和参加会议的人员，不开准备不好的会；三是严格控制会务工作人员的数量，杜绝人浮于事的现象；四是严格控制会议经费，严格按预算开支，避免预算外支出；五是严格执行会议纪律，认真执行会议收费标准，按规定标准安排与会人员食宿，不讲排场，不送礼物，不借会议之名游山玩水；六是在保证会议效果的前提下，尽可能把会议场所设在本单位会议室，或者采用网络会议和视频会议的形式，以减少会议开支，降低会议成本。

第五个问题：会务工作的基本要求

办公室是各级机关和企事业单位的综合办事机构。由于对本单位的内部机构设置和业务范围比较熟悉，又是单位领导的参谋和助手，承办各类会议，就自然而然地成为各级办公部门应当担负起的职能之一，同时也是办公室工作人员岗位应知应会的基本职责。因此，做好会议的组织筹备工作，保证会议的圆满成功，提高会议质量和效率，是对办公室工作人员能力和素质的要求。做好会议组织与筹备工作，应当成为办公室工作人员的一项基本功。

（一）准备工作要充分细致

会务工作事事具体，零乱繁杂，不能疏忽大意，必须一丝不苟地做好。因此，准备工作一定要充分、细致。首先，要制定细致的会务工作方案，经会议主管领导批准后，严格按方案操作。这样做的好处是，会务工作不易漏项，而且项项有着落。会务工作人员要开动脑筋，多想问题，理清思路，把准备工作一项一项地排好队，什么时间干什么，谁来干，达到什么标准，谁去检查落实，都要十分具体，落实到人。其次，要做到忙而不乱，紧张有序。会务工作人员分工必须明确，责任必须清楚。尤其是对那些“结合部”和“死角”，更要充分地预想到，并指定责任者。总之，对每个细节、每个程序都要认真对待，问题要尽量想得多一些，准备工作要尽量做得充分一些，整个会务工作就会堵塞漏洞，不出或少出差错。

（二）组织工作要严谨协调

会议的组织工作是有一定程序的，先做什么，后做什么，要求是很严格的，有的甚至是法定程序。比如党的代表大会，就必须严格按照规定程序进行。因此，会议的组织程序一定要缜密细致。每一个工作环节、每一项组织程序都要紧密相接，环环相扣。此外，一个大型会议，往往需要几个部门共同组织筹备，各机构之间、各部门之间、会务工作人员之间要协调好，配合好，形成一个统一的整体，运作协调一致。不能人人都当“指挥官”，动嘴不动手。各部门、各单位乃至每个人都要实实在在地想工作，抓工作。会务工作时间宝贵，强调高效率、高质量，绝不允许任何人推诿、扯皮、“踢皮球”。同时，要强调统一指挥，防止“多头指挥”和“令出多门”。

（三）服务工作要热情周到

会务工作是服务工作，要做到热情、周到，无微不至。与会人员的主要任务是聚精会神开好会，而会务工作人员则应当把为与会人员服务好作为己任，想与会人员之所想，帮与会人员之所需，解与会人员之所难。比如，在安排住宿时要尽量照顾那些睡眠不好或者是神经衰弱的；安排会议伙食时要尽量满足大多数人的需要，同时也要考虑少数民族人员的风俗习惯；在发现与会人员身体不适时，要热情协助联系治疗，并在生活上予以照顾；对于领导和与会人员交办的事项要认真办理并及时汇报办理结果；对受客观条件限制而一时难以解决的问题，要耐心地作好解释。通过热情周到的服务，使与会人员情绪饱满、精力充沛地完成会议的各项任务。

（四）突发情况要冷静果断

尽管会务工作方案制定得再周全，在会议进行中，也常常会出现一些新的或是意想不到的情况。例如会场突然停电，音响出现故障，室外活动遇上雨雪等。又如，某位领导临时决定出席会议，而事先又没有安排席位等。遇有这些情况，会务工作人员要沉着、冷静，根据情况及时妥善处理。属于领导定的，要立即拿出参考意见，向领导建议；可以自行协调解决的，应当立即采取措施，果断处理。

（五）会议期间要确保安全稳定

要确保与会人员的人身安全和财产安全。对住地设备要严格检查，防止电器漏电和其他事故的发生；对会议用车必须经过专业性安全检查，保持良好状态；要提醒与会人员妥善保管自己的物品，防止丢失。要提高警惕，加强住地和会场的安全保卫工作，有重要领导同志出席的会议，要按有关规定落实警卫方案。要保守会议秘密。有保密要求的会议，一定要制定并落实保密措施，涉密的文件要登记、编号，签字领用，严密保管，防止泄密。在会议期间积极与信访部门配合，做好信访工作，妥善处理群众来信来访。

第六个问题：会务工作人员的能力和素质

会务工作的性质、内容和特点，对会务工作人员提出了多方面的能力和素质要求。

（一）灵活的协调能力

承办一次会议，往往需要与许多方面联系，沟通各方面信息，协调各方面关系，处理各方面事务。这就要求会务工作人员应当具有较强的组织协调能力。尤其是承办会期较长的大中型会议，从会址的确定到会场的布置，从与会人员的食宿安排到组织会议相关活动，都要与不同单位、不同层面的人打交道。这就要求会务工作人员从会议的总体需要出发，主动争取各方面的理解和支持，为会议创造良好的内外部环境，保证会议的顺利进行。凡是自己能够协调解决的事情，一定要尽最大努力去解决；自己协调有困难时，要及时向会议领导汇报，并提出解决问题的建议方案。

（二）干练的办事能力

会务工作是事务性工作，因此，要求会务工作人员头脑灵活，精明干练，办事利落。在繁杂的会务工作中，能够分别轻重缓急，有先有后，有条有理，做到大事不误，小事不漏。尤其要强调高质量、高效率。会务工作受会议时间的限制，有些事情必须在最短的时间内办好，不能拖，也拖不得。会务工作人员要有雷厉风行的作风和优质高效的办事能力。有些事情看似不大，但可能影响会议的效果，对这类事情同样要认真去做，不可以掉以轻心，不可以敷衍塞责。

（三）务实的调研能力

会务工作人员要学习和掌握调查研究的方法，针对会议主题，有针对性地作好会前调研。对提交会议讨论的议题、议案，要深入了解基层情况，掌握第一手资料，进行充分的酝酿和论证，并将调研情况及时向会议领导报告。此外，还应当准确地收集与会议有关的信息，供领导和与会人员参考。尤其是起草领导讲话，更要底数清楚，紧密联系实际，分析问题透彻，制定措施有力，具有针对性和可操作性，做到据实据理，数据翔实，要求到位，便于落细落实。

（四）扎实的写作能力

公文写作是会务工作人员的一项基本功。会议的文字量很大，起草报告、编写简报、撰写通知等，都要求有一定的写作功底。要能够熟练掌握公文的写作规范，熟练运用文字语言和写作技巧，做到文思敏捷、脉络清晰，说理透彻、言简意赅，通俗易懂、语言生动。特别要注意不用生僻字和晦涩难懂的词句。有些重要的、文字量较大的文件（如工作报告），有时要组织一个精干的写作班子，分别负责起草一个部分，最后由一人统稿。这种写作形式，要求每个人都要把握好文稿的总体脉络和语言风格，保持文稿统一的思想性和系统性。

（五）理性的管理能力

会务工作有许多管理性工作，如会议经费管理、会议文件管理、会议用房管理、会议车辆及交通管理等。这些工作条理性较强，要求准确无误、科学规范。因此，会务工作人员应当具有较强的组织管理能力。要学会“十个手指弹钢琴”，强调管理的制度化、规范化、科学化。在会议经费管理上要严格执行会议预算，按照有关规定报销会议开支；在会议文件管理上，严格执行国家保密制度，认真履行文件周转传递签认手续；在会议用房管理上，严格执行有关公务活动的制度规定，杜绝超标准安排；在会议车辆和交通管理上，严格执行公务用车标准，不超标准使用车辆，教育驾驶员严格遵守交通法规，杜绝交通违法行为，与会人员集体乘车时，要安排大客车，并减少对社会交通的影响，未经批准，不得使用警车开道或封路。会务工作机构要加强对各个部门、各个环节的督促检查，使各项管理制度和要求落到实处。

（六）果断的处置能力

会议期间常常会遇到一些意想不到的事情发生，这些意想不到的事情，往往让人措手不及。比如，出席会议的领导安排在主席台上就座，会议马上就要开始了，可还有一位没到；会议方案中确定有 5 位领导参加，临时又增加了一位；会议刚刚开始，主持人的话筒不响；领导讲话时扩音机突然出现故障；会议进行中，会场突然断电；原定领导要在现场接见劳动模范，可突然下起雨来；集体乘车参观，途中遇到前方事故，造成道路拥堵；集体乘车时，汽车突然抛锚，等等。由于突然的变化，打乱了原来的计划和方案时，会务工作人员要有果断的处置能力，沉着冷静、机动灵活地妥善解决。

（七）娴熟的书写能力

虽然现代化文字处理设备能够替代人工书写，但由于受场地、设备等客观条件的限制，会议期间还会有一定量的文字书写工作。因此，会务工作人员应当能够写出字迹工整、端正、清楚的文字，并且有一定的速度，最好会速记，懂一点书法。

（八）熟练的设备操控能力

会务工作人员应当尽可能掌握电子计算机、打印机、传真机、复印机，以及照相机、幻灯机、投影仪、录音、录像、扩音等会议用设备的基本常识和操作方法。对于在会议进行中临时出现的设备故障，能够迅速排除。

（九）健康的身体适应能力

会务工作，是在会期所限定的时间内完成的一系列综合性事务工作，并且所有工作都必须满足会议的需要。会务工作人员往往需要 24 小时不间断地为会议和与会人员服务，只有拥有健康的体魄、旺盛的体力和充沛的精力，才能出色地完成会务工作任务。

第七个问题：会务工作守则

会务工作人员是为会议服务的主体，必须有严格的纪律和行为约束。会务工作人员应当遵守下列守则。

（一）胸有全局

了解和把握会议的指导思想、任务、目的和意义，明确会议的议程和具体的日程安排，做到心中有数。接受任务时，要站在政治的高度，站在全局的角度，认真负责地完成本职工作。

（二）团结协作

严格请示报告制度，服从命令听指挥。无论是汇报还是请示，掌握的情况一定要翔实。请示问题要明确具体，汇报情况要简明扼要。按照会议总体部署，做好承上启下、联系左右、照应内外等各方面的服务工作，坚守岗位，各司其职，主动配合，密切协作，杜绝推诿扯皮。

（三）沉着冷静

牢固树立会务工作无小事的理念，认真对待每一项工作任务，遇到突发问题做到沉着、冷静，妥善处理，做到有先有后，有条有理，大事不误，小事不漏。

（四）谦虚谨慎

会议期间要以谦和的态度，耐心听取各方面的意见和建议，对于批评意见，要虚心接受，即知即改；对于出现的差错和纰漏，要及时采取措施纠正和补救。

（五）雷厉风行

树立时间观念，讲求工作效率和工作质量。接受任务，雷厉风行；处理问题，不留尾巴。坚持高起点、高标准、高质量地完成好会议领导交办的各项任务。

（六）保守秘密

牢固树立保密意识，按规定做好会议文件、资料的管理工作。对于加密文件，严格执行保密制度和操作程序，切实做到不该看的不看，不该说的不说，确保会议期间不泄密、不失密。

（七）热情服务

工作热情，主动服务，注意服务礼节和仪容仪表，做到穿戴整洁、庄重、得体，讲文明、懂礼貌，会议期间不饮酒，不喧哗，以严谨的工作态度、充沛的精力和饱满的精神状态投入工作。

（八）克己奉公

严格要求自己，吃苦耐劳，克己奉公，任劳任怨。一切从会议的全局出发，努力克服自身困难，不在会议期间办理个人事务，遇有特殊情况，坚持请假制度。不因个人原因，对会议造成不良影响。

看完了老张为他播放的讲课视频，王磊似乎感觉肩上的担子有些沉重，脑子里也没能理出个清晰的头绪来，心想，这筹办会议也不是个简单事呀。

第二篇　会务工作基础

会务工作的基础在于制定一个具有可操作性的筹备工作方案。制定工作方案的过程，是会务工作人员对会议的总体把握和对会议全部程序以及全部事务工作逐一了解、熟悉和掌握的过程。筹备工作方案制定得是否周密，执行得是否到位，在很大程度上影响着会议效果。本篇着重介绍会务工作方案的内容、作用和编制方法。

第三章

3 编制会议筹备方案

经过两天来向老张的请教，王磊对组织和筹办会议的常识有了一些初步的了解。同时，他也体会到了科长要他跟老张一起筹备会议的真正用意。于是，他把两天来的笔记重新翻看了一遍，总结出一些心得体会。这就是，召开会议之前，要根据会议的主题和会议的目的，对会议的形式、议题、规模、与会人员、开会时间、地点、会务工作机构、会议经费预算等，进行总体策划和完整构想，形成一个操作性很强的工作方案，以便做好会议的各项准备工作，保证会议的顺利进行，达到会议的预期目的。联想到领导让他和老张筹办的局创建服务型机关研讨会，也应当制定一个可行的工作方案，为下一步工作打下基础。

于是，趁着星期日休息，小王来到办公室，他要自己独立地策划一个会议筹备方案，待下周一上班时请老张提出修改意见。下面是他起草的“××局创建服务型机关经验交流会筹备方案”。

【例】

××局创建服务型机关经验交流会筹备方案

一、会议名称：××局创建服务型机关经验交流会

二、会议时间：××××年××月××日

三、会议地点：××局招待所

四、会议议程

1. 对近年来我局争创服务型机关活动情况进行总结和表彰。

2. 受表彰单位代表介绍经验。

3. 局领导对下一步工作进行部署。

五、与会人员

局党委书记、纪委书记、党委副书记，分管局领导和局属各单位分管创建活动的负责人、局机关党委、局机关各部门负责人，共计100人。

六、会务工作及分工

为做好会议筹备工作，按局党委领导要求，由局党委办公室牵头，会同相关部门组建会议筹备工作组，下设会务组、文

件组、宣传组。具体分工如下。

1. 制发会议通知（局办）。

2. 布置会场（机关党委）。

3. 准备会议文件（局党委负责起草党委书记讲话稿，局机关党委负责审定大会经验交流材料）。

4. 会议宣传（党委宣传部、局影视制作中心）。

七、会议经费：按照局机关制定的标准支付，控制在20万元以内。

小王是个快手，很快就把方案做出来了。他怕有遗漏的地方，又把方案与老张讲的仔细对照了一遍，觉得该写的都涉及到了。他特意打印了一份，放在老张的办公桌上就回家了。心想，老张看到方案，一定会表扬他。

果然，星期一早晨刚上班，老张就看见了小王起草的会议筹备方案，便仔细地看了起来。一旁的小王看着老张的表情，心里有些打鼓，会不会不满意呀？过了好一会儿，老张对小王说，"辛苦了，没想到你进入角色这么快，把方案都做出来了，应该表扬。"可是老张并没有对筹备方案进行点评，没说好，也没说不好。他给小王讲起了什么叫会议筹备方案，会议筹备方案应当包括哪些内容。

老张说，会议筹备方案是对为什么开会、怎么开会、解决什么问题、什么人参加、在哪儿开会、会议开几天，以及与会人员的会议活动、会议期间的生活如何安排等诸多问题，进行全面、系统的安排预案。就好像是拍电影、电视剧的脚本那样，有了这个脚本，会务工作就有了遵循和依据。所以说，会议筹备方案应当尽可能细一些。方案做得细，会务工作就能够有条不紊地展开，就会少出纰漏。那么，会议筹备方案的构成是怎样的呢？老张又打开了话匣子。

“首先，我给你说说会议筹备方案应当包括的内容；其次，讲讲编制会议筹备方案的作用；最后，说说方案的编制方法。”小王把椅子搬过来，坐在老张对面，认真地听，细心地记。

第一个问题：会议筹备方案的构成

会议筹备方案由以下十个方面构成：一是会议名称和主要任务；二是会议形式；三是会议文件；四是会议规格、规模和与会人员；五是召开会议的时间、地点与会期；六是会议议程、日程与程序安排；七是会议的主持；八是会务工作机构及其分工；九是会议经费预算；十是需要向领导请示的问题及其他事项。

“会议筹备方案应当由哪个部门起草呢？”小王问。老张说，会议筹备方案应当由会议承办部门起草，经主办单位领导审定。比如我们筹办的局创建服务型机关经验交流会的筹备方案，应当由局党委办公室负责起草，并通过办公室主任送交局党委主管领导审定。

第二个问题：编制会议筹备方案的作用

编制会议筹备方案的作用主要体现在以下几个方面。

（一）提出会务工作建议

会务工作中，有许多事项须经会议领导确定或同意。会议筹备方案是会务工作人员向领导请示、汇报会议筹备的建议、设想和安排的，比较全面、比较系统的文字材料，同时也体现了会务工作人员的参谋和助手作用。

（二）指导会议准备工作

会议筹备方案一经领导批准，就具有了一定的指导作用，对于参与筹备会议的各个部门和工作人员展开具体准备工作，能起到提纲挈领的作用。

（三）奠定会务工作基础

会务工作涉及方方面面，千头万绪，按方案操作就有了系统性，为具体工作的展开提供了总体思路，奠定了工作基础。

（四）积累会务工作经验

把每次筹备会议的方案积累下来，无论对单位还是对个人，都是一件好事。它既可以从中提取经验，为以后办会提供借鉴，又可以为单位会议管理积累原始资料。因此，拟定会议筹备方案并非可有可无，它对于能否达到会议的预期目的，能否取得圆满成功，有着十分重要的意义。

第三个问题：编制会议筹备方案的方法

为了让小王加深记忆，老张对应着前面说的十个方面逐个进行讲解方案的具体内容和编制的方法。

（一）会议名称和主题

会议名称是会议主题的简明标示。一般由召开会议的单位、会议的限定范围、会议的主要内容、会议种类（一些例行性会议还要标明届次）组成。会议名称由主办单位或召集会议的领导决定。

比如，现在筹备的创建服务型机关经验交流会，会议名称应当写全，即"××局创建服务型机关经验交流会"。从会议名称中我们可以看出，这个会是以"局"的名义召开的，会议的主题是"交流创建服务型机关的经验"，会议的种类是"经验交流会"。

再以"××市上市企业经营管理工作会议"为例，召开会议的单位是"××市"（政府），会议的限定范围是"上市企业"，会议的主要内容是研究"经营管理"，会议的种类是"专题性会议"。

有的会议将与会人员的身份和职务直接标注在名称中。如"××系统党委书记座谈会"、"××公司职工代表联席会议"、"××工厂全体职工大会"等。

有的会议有届次序列编排。届次往往加在主办单位和会议限定范围之间。如“××研究院第×届×次职工代表大会”、“××协会第×次全国代表大会”等。有届次的会议，其名称的主要部分基本相同，主要由届次来加以区分。

确定会议名称要简明扼要，用词准确、规范，不能任意简化，尽量不用缩略语。会议名称一般不使用简称。这与日后人们的习惯叫法是两回事。如“中国共产党第十八次全国代表大会”，习惯上可以简称为“党的十八大”，但作为正式的会议名称时就不能这样简化。又比如把“××市上市企业经营管理工作会议”的名称简化成“××市上企经管会”，就文理不通，令人费解。

会议主题，指的是会议的目的和主要任务，以及会议需要决定的事项，这些决定着会议的性质和方向。会议主题往往以“会议的主要任务”或“会议的指导思想和主要任务”的形式来表述。如××单位要召开年度工作会议，其会议的主要任务是以总结上一年度工作，分析当前面临的形势，安排部署新的一年各项工作为主。从一般意义上说，研究解决某些问题的议事性会议，其主要任务是提出问题，研究解决问题的办法；表彰会、报告会等非议事性会议，其主要任务是通过表彰先进或通过先进事迹报告、组织形势报告，其主要任务则是以动员、鼓励和鞭策为主。无论怎样表述，会议的主题都要顺应政治形势，紧密联系单位实际，具有较强的针对性。

（二）会议形式

会议的形式，是指根据会议主题而设计的会议组织方式和会场布置样式。议事类会议的组织方式是以与会人员对议题广泛讨论、论证为基础，按照民主集中制原则进行决策的会议组织形式，与会人员以“说”为主，相对而坐或围坐一周，便于交换意见；非议事类会议则是以“报告”或“情况介绍”为主要组织形式，与会人员以“听”为主，会场往往采用课堂式。主题不同，会议的形式不同，其会场布置的样式也因会而异。关于不同形式的会议与会场布局，我在后面再作详细介绍。

（三）会议文件

准备好会议文件，是开好会议的关键。根据会议的主题和主要任务，应当拟定一个比较具体的文件起草计划和工作方案，包括下基层调查研究，通知重点单位准备素材等。这部分工作是会议筹备的重点，也是保证会议质量的关键。

会议文件的种类很多。会议的主题不同、任务不同、形式不同，其文件的种类和数量也不完全一样。有些高规格的会议文件，包括重要的讲话、报告，往往要提前几个月，甚至更长时间进行准备，还需要组建一个专门的写作班子，集体研究写作提纲，经过主讲人或报告人同意后，再着手起草工作。有经验交流的会议，要提前通知相关单位准备，并责成专人进行审阅。审阅的重点是材料的内容是否与会议主题相吻合，所介绍的经验是否有其鲜明的特色特点，是否有利于推广和借鉴。比如，将要召开的“××局创建服务型机关经验交流会”就安排了部分单位在大会上介绍经验，他们的材料应当尽早交给文件组进行审阅把关。

准备会议文件是一项十分辛苦的工作，有条件时，应当早下手起草、早报送领导，以争取更多的时间用于文稿的修改。要注意的是，会议的主持词也属于会议文件的范畴。

（四）会议规格、规模和与会人员

会议的规格、规模应当根据会议的主题和主要内容，按照务实、高效、精简的原则来确定。请什么人来开会，一定要从实际需要出发。总的要求是，规格与会议目的一致，规模与会议任务相当。没有必要凡会必请“一把手”或上级领导，也不能任意扩大参会范围。

确定会议的规模，应当综合考虑会议的效率、成本、效果和场地等因素。一般来讲，会议的规模与会务的工作量成正比，规模大的会议，会务的工作量就多一些，筹备的时间也会长一些，人数少的会议，会议筹备的时间就短，会务的工作量就少一些。会议的规模与会议成本成正比。参加会议的人数越多，会议的成本就越大。会议规模与效果密切相关。保密性会议，参加会议的人越少越好，以防止会议内容扩散；动员性会议，为了营造声势、扩大影响，往往需要达到一定的规模，才能产生会议的效果。确定会议规模还应当考虑场地的制约因素，在确定会议规模之前，对场地先行考察是必要的。

会议的规模，是做好与会人员服务工作的重要依据。在编制方案时，最好能将与会人员名单按不同职务和级别分列。由于各种原因，出席会议的人数会出现变化，不能到会或不能全程参加会议的，应当在方案中注明。

（五）召开会议的时间、地点与会期

1. 召开会议的时间

召开会议的时间，要根据会议的内容和工作的实际来确定。以年、月、日（上下午）、时、分来表述。

2. 会议地点

会议地点，也称为会址。选择一个好的开会地点，对于提高会议质量、增强会议效果至关重要。会址要表述清楚，使用本单位会议室（厅），需标明具体位置。租用宾馆或饭店作为会址，应当标明市、区（县）、街道和门牌号以及会议室所在的楼号、楼层、序号，以方便与会人员参会。

3. 会期

会期是会议从开始到结束的时间。会期要根据会议的目的和会议的预期效果来确定。在确定会期时，应当把会议日程安排得紧凑一些，使会期尽量缩短。

适当压缩会期，可以增强会议主持人和与会人员的紧迫感，有利于营造紧张、有序、高效的会议氛围。会期确定之后，应及时通知与会人员和会务工作人员，以便与会人员提前安排自己的时间，保证届时参会，同时也为工作人员展开会议筹备工作提供依据。

（六）会议的议程、日程和程序安排

在筹备方案中，应当简单明了地列出会议的议程、日程和具体安排。你起草的全局创建服务型机关经验交流会的筹备方案，只是列出了会议的主题，而缺少具体的时间和日程安排，还需要补充和完善。

会议的日程和程序安排，一般以表格的形式表现比较直观。

（七）会议主持

主持会议的人称为会议主持人。应当由谁来主持会议，在会务方案中应当提出明确的建议，由领导确定。

一般情况下，会议主持人应当根据会议的主办方和会议的主题，在单位领导中选择。如行政工作会议由行政主要负责人或行政副职主持；党委会由党委书记或党委副书记主持，群团组织的会议由群团组织负责人主持。主要负责人作为主讲人讲话的，可以由相同级别的领导主持，也可以由分管某项工作的副职为正职主持。有些报告会，如形势报告会、先进事迹报告会、研究成果报告会等（根据报告人的身份或报告的内容），也有由上一级单位领导主持的。代表性会议则由大会选举的主席团主持，由主席团研究并确定执行主席主持每一次会议。民主协商会议的主持人，应当由发起协商的要约方提出建议，经民主协商产生。

（八）会务工作机构

会务工作机构是会议召开和顺利进行的组织保障。会务工

作机构应当根据会议规模、会议内容和会议类型而设立，并由此决定会务工作岗位和所需人员的数量。会务工作人员由会议主办单位本着“依事定人”的原则抽调，并且有明确的分工。会务工作人员的人数在保证会议进行的前提下，应当从严控制，尽量减少，避免人浮于事。

（九）会议经费预算

根据会议的日程安排和会议规模，编制会议经费预算。会议经费预算主要包括：会场租赁费、食宿费、文具费、交通费、设备使用费、文件印刷费，以及其他费用等收支预算。国家机关对会议费开支有明确规定，在制定会议预算时不得突破。

（十）其他事项

除上述内容之外，有些需要向领导请示的问题，也应当一一列出，表述清楚，以便于领导决定。

上述十个方面，构成了会议筹备方案的基本框架，也是会议筹备的总体方案。会务工作机构应当根据经领导批准的总体方案制定具体工作方案。

说到这儿，老张拿出了小王编制的《××局创建服务型机关经验交流会筹备方案》，对小王说：“你做的方案基本包括了会务工作的主要内容，但还需要对照十个方面的内容进行补充和完善。除了日程安排之外，我们局外设机构参加会议的人员要提前一天到达，他们的食宿安排问题也应当写进方案。”王磊有些不好意思地笑了笑，说：“明白了，我马上修改。”

按照老张的提示，小王对筹备方案进行了认真的修改和补充完善。老张把小王修改后的筹备方案又从头到尾仔细地看了一遍，满意地点了点头，对小王说：“修改得很好，你不但在方案中包括了我前面讲的会务工作的十个方面内容，而且还根据自己的理解，添加了一些具体工作项目，这很好。会务工作方案没有千篇一律的，要根据不同会议的特点来编制。你去把这份方案送给主任，请他转送局领导审定。”小王的心里别提多高兴了。他为今天的收获，有些沾沾自喜。

王磊在老张指导下完成的《××局创建服务型机关经验交流会的筹备方案》，运用会务工作方案编制的一般方法，涵盖了一般中型会议的主要会务工作内容，体现了会务工作方案的作用和编制要求，具有一定的参考价值，可以作为编制会议筹备方案的基本样式和一般范例。

【例】

××局创建服务型机关经验交流会筹备工作建议方案

（局党委办公室）

一、会议名称：××局创建服务型机关经验交流会

二、会议时间：××××年×月××日，会期1天

三、会议地点：××局招待所二楼大会议室

四、参加人员：（预计100人）

1. 局党政工领导（7人，2位副局长在外地出差，不能参会）

2. 局属各单位党政负责人、工会主席、团委书记（69人）

3. 局机关各部门负责人（24人）

五、会议的主要任务

1. 交流我局开展创建服务型机关活动经验。

2. 表彰在创建活动中涌现出的先进集体和先进个人。

3. 局党委对转变机关干部作风、服务大局、服务基层，实现全年生产经营目标作出部署、提出要求。

六、会议文件

1. 经验交流材料

（1）基建设备处：《以基层需求为导向，推进重点工程建设》

（2）运输公司党委：《创建服务型机关的做法和体会》

（3）局直属机关党委：《深入基层、深入群众，做好职工思想政治工作》

（4）后勤服务中心：《以服务为宗旨，为实现全年生产经营目标提供有力保障》

2. 局党委文件：《关于深入推进创建服务型机关活动，实现全年生产经营目标的意见》（草稿）

3. 局党委书记讲话稿

4. 局长总结讲话稿

5. 局党委副书记主持词

七、会议日程

时	间	内 容	主持人	会议地点
××月××日	8：00	全体会议 1. 宣读表彰决定，表彰先进单位和先进个人（局领导颁奖） 2. 大会经验交流（每个单位发言限时15分钟） （1）基建设备处×××发言 （2）运输公司党委×××发言 （3）局直属机关党委×××发言 （4）后勤服务中心×××发言 3. 党委书记讲话	党委副书记	招待所二楼大会议室
	14：00	分组讨论内容 1. 党委书记讲话 2. 局党委《关于深入推进创建服务型机关活动，实现全年生产经营目标的意见》（草稿）	各组召集人	见分组表
	17：00	局长作会议总结	党委副书记	招待所二楼大会议室

八、住宿房间安排

驻外地单位的与会人员原则上每人1个标准间，局领导和局机关与会人员不安排住宿，会务工作人员每2人1个标准间。

九、会场安排

1. 主会场：招待所二楼大会议室。分组讨论会议室4个（三楼第一、第二会议室，四楼第四、第五会议室）。

2. 主会场布置（报告会形式）

（1）主席台：7 人，摆放座签，3 个话筒，7 个座椅；1 张发言桌，配话筒、茶杯。

（2）台下：课桌式、茶杯、座签。

第 1 排：左侧预留，安排受表彰人员和经验交流发言人。

第 1 排右侧、第 2 排至第 9 排：按局自然顺序排列。

第 10 排：会务工作人员。

（3）会标：××局创建服务型机关经验交流会（宋体字加粗）。

（4）主会场后边标语（用党委书记讲话标题）。

（5）会场音响执机（招待所负责）。

十、会务组织

会议成立会务组、文件组、服务组。

（一）会务组

负责人：局办公室主任。

成员：由局办公室负责由机关各部门抽调 5 人。

联络员：从会务组成员中选配。职责：分发文件、讨论记录。（准备记录本和笔。）

主要任务：负责拟发会议通知、编制会序册和座位表、与会人员接送住宿和用餐安排（就餐时间确定）、布置会场、会议录音、制作座签、组织分组、分发会议文件、登记返程车票、车辆提供、会议报到、会议值班、编制经费预算、处理会间相关事务等。

（二）文件组

负责人：局办公室分管副主任。

成员：局办秘书科、直属机关党委宣传部共3人。

主要任务：负责起草局领导讲话稿、准备会议审议的局党委《关于深入推进创建服务型机关活动，实现全年生产经营目标的意见》（草稿）110份、起草主持词、审定会议发言材料以及其他文字资料，如会议讨论记录等，确定文件印数（110份）。

（三）服务组

组长：招待所所长。

成员：以招待所工作人员为主，同时由会务组抽调部分人员配合。

主要任务：

（1）编制与会人员接送站计划并组织接送站。

（2）组织会议报到。

（3）分发会议文件，文件归档。

（4）准备会议文件袋（档案袋、文具）。

（5）会议返程票务。

（6）编制会议预算和会议收费（住宿费每人180元，伙食费每人50元，工作人员不交住宿费）。

（7）编制住宿房图。

（8）安排会议用餐（审定菜单、餐厅准备等，注意回民餐）。

（9）招待所客房准备。

（10）车辆准备及停车位。

（11）协调解决会议生活服务方面的相关事务。

十一、会议经费

本次会议执行我局二类会议开支标准，并据此编制费用预算，预计不超过20万元。

十二、请示事项

1. 上午大会是否安排局机关全体工作人员听会，如安排需在局会议室提前调试会场音像传输设备。

2. 确定会议主持人。

3. 确定收费标准。

4. 局工会通知，会议结束后套开工会主席座谈会，预留招待所三楼中型会议室，时间待定。

××××年××月××日

第四章

编制会议筹备子方案

4

新的一天又开始了。小王兴高采烈地来到办公室。刚刚坐下来，老张又说起了方案的事："昨天，你送给主任的会议筹备方案，其实是个母方案，各方面的工作还仅仅是粗线条的，许多具体工作还没有逐项列出来。为了便于开展工作，一些大型会议往往需要在母方案的基础上，制定出各个部门和环节的具体工作方案，也就是子方案。接下来，咱们再说说会务工作子方案的编制问题。"

会议筹备方案是指导会议筹备工作的纲领性文件。会议筹备机构和工作人员应当对会议筹备工作的各个要素和工作环节进行细化，明确职责分工、时间要求和工作标准。不同规格、不同规模、不同类型的会议，其会务工作不尽相同，有繁有简。但无论大会、中会、小会，会议筹备方案应当包括会议组织筹备的全部工作预案。

一般大型会议的筹备方案，由会务组织方案、会议分组方案、会场布置方案、生活服务方案、会议宣传方案、安全保卫方案、会议活动方案等若干子方案组成。除此之外，有些会议还要编制专项工作方案。如表彰性会议的颁奖方案，庆典类会议的剪彩方案，开工仪式的奠基方案，领导接见时的合影方案等。接下来，我们就谈谈子方案的编制方法。

第一个问题：会务组织方案的编制

会务组织方案包括会议设立哪些会务工作机构，这些机构的主要负责人和主要成员有哪些，承办本次会议共需要多少会务工作人员，从哪些部门抽调，怎样分工等。会务组织方案应当明确会议总负责人、会务工作机构及分支机构的负责人及主要职责。

编制会务组织方案应严格按照“精简、高效”的原则，因事设岗、因岗设人、因人问责，杜绝人浮于事的现象。在明确分工和岗位职责的同时，要对会务工作人员提出明确的纪律要求和行为守则。通过会务工作人员的言行举止，树立机关勤政务实的良好形象。

“是不是所有的会议都要编制会务组织方案呢？”王磊问。

老张告诉他，不一定。是否需要编制会务组织方案，取决于会议的规模，并不是任何会议都要设置筹备机构。人数较少、议题简单、会期较短的小型会议，组织筹备工作相对简单，一两个人就可以完成。一般大中型会议，由于规格高、规模大，议题相对复杂，其组织筹备的工作量也随之增多，靠几个人恐怕难以胜任。只有组建会议的筹备机构，并且有明确的分工，才能圆满完成会议的预定任务。一般情况下，会议的筹备机构可以设立会务组、文件组、会场组、生活组、宣传组、安全保卫组和会议总值班室。各组的设置和人员的抽调，依据会议的规模而定，可多可少。规模很大的会议，会务工作人员较多，分工需要更细一些，分组也可以再多一些，如增设现场组、票务组、财务组、文件分发组、医疗服务组等。规模比较小、议题比较简单的会议，设置一个会务组，几个人分工负责，能够把所有的会议准备工作承担起来，就没有必要另行设置专门的筹备机构。

为了便于了解和掌握会务工作的所有内容和各筹备组的职责，我们以 1 000 人以上的大型会议为例，分别介绍一下各个筹备组的工作分工和主要职责。

（一）会务组（有些会议称为大会秘书处或组织组）的主要职责

1. 拟定会议筹备方案，报请领导审定。

2. 按筹备方案列出会务工作细目，列出具体分工。

3. 负责起草会议通知（邀请相关人员出席或列席会议时，还应当负责起草邀请函）。

4. 负责与会人员的资格审查、组织报名并收集名单。

5. 负责编印会序册。

6. 负责安排会议分组（团）。

7. 负责印制并发放会议证件（包括出席证、列席证、工作证、记者证、车辆通行证等）。

8. 负责大会预备会议的组织。

9. 负责代表性会议选举办法和选举程序的制定。

10. 负责拟订代表性会议主席团及大会执行主席建议名单。

11. 负责提出代表性会议选举候选人建议名单。

12. 负责准备代表性会议选举候选人相关资料。

13. 负责组织代表性会议大会选举。

14. 负责代表性会议代表提案的征集与审理。

15. 负责上级领导及有关方面来宾的邀请和接待。

16. 负责组织会议集体照相。

17. 负责组织与会人员集体外出活动。

18. 负责会务工作人员的管理，对会议筹备工作进行督促检查。

19. 负责与有关部门沟通协调。

（二）文件组的主要职责

1. 负责起草上级领导讲话的代拟稿。

2. 负责起草单位领导的工作报告和专题讲话。

3. 负责起草单位领导在预备会议上的讲话。

4. 负责起草大会总结讲话。

5. 负责起草大会开幕词、闭幕词和各次会议的主持词。

6. 负责起草会议决议草案。

7. 负责提交会议审议文件的准备。

8. 组织审核、修改会议经验交流材料。

9. 负责组织会议讨论，整理会议记录。

10. 负责编写会议纪要。

11. 负责编发会议简报。

（三）会场组的主要职责

1. 负责制作和悬挂会标。

2. 负责编制主席台及会场座序图。

3. 负责印制并摆放主席台及场内座签。

4. 负责主席台背景布置（红旗、会徽、背景板等）。

5. 负责主席台话筒配备并调试。

6. 负责准备会场音响、灯光、音乐、录音。

7. 负责组织与会人员进入会场（大型会议注意引导主席

台人员就座和与会人员按分区入场)。

8. 负责分组讨论会议室的准备。

9. 负责各次大会的会场准备(包括主席台和会场位置的调整及座签的调换)。

10. 负责大会分会场的准备。

11. 负责准备各次大会的领导休息室并负责引导。

12. 负责会议各种会场使用数量(含次数)的确认。

13. 负责协调解决会场使用中的相关问题。

(四)生活接待(服务)组的主要职责

1. 确定会址并预订会议用房。

2. 负责编制与会人员住宿方案并组织实施。

3. 编印并发放会议服务手册。

4. 根据会议报名情况,编制与会人员接站计划并组织与会人员报到。

5. 负责会议相关人员的接待。

6. 负责编制大会用餐方案并组织实施。

7. 负责制定会议用餐标准并审定菜单。

8. 负责安排少数民族代表单独用餐。

9. 负责分发报纸和有关会议资料。

10. 安排会议期间与会人员的业余活动。

11. 根据返程订票情况,编制与会人员送站计划并组织与会人员返程送站。

12. 根据会议确定的接送站计划,调度机动车辆。

13. 与有关部门协调解决会议进行中的有关交通问题（确定行车路线、调整车种车型等）。

14. 对车辆的安全性能进行认定，对驾驶员进行安全教育，确保行车安全。

15. 负责会议期间用于生活服务方面费用支出的确认。

16. 负责协调解决与会人员生活服务方面的问题。

（五）宣传组的主要职责

1. 负责会场内外宣传形式的策划，布置会场内外的宣传环境。

2. 拟定会议宣传口号。

3. 负责准备会议宣传资料。

4. 负责组织会议的摄影、摄像。

5. 负责邀请和接待新闻记者。

6. 负责准备会议所需的各种宣传器材。

7. 负责撰写新闻通稿和会议精神的宣讲提纲。

8. 负责组织会议的社会宣传。

（六）安全保卫组的主要职责

1. 根据会议的规格、规模，制定会议保卫方案（有重要领导同志出席会议时，与地方有关单位配合，按规定编制警卫方案）。

2. 负责对会场、住地进行安全检查和现场保卫。

3. 负责与地方有关部门配合，对会场、住地的外部环境进行综合治理。

4. 负责与会人员集体乘车外出时，与地方交通管理部门的协调联系，做好交通疏导。

5. 负责重要会议或保密性会议有关证件的制发和查验工作。

6. 负责编制会议应急处置预案。

7. 协调有关部门，对会议期间的突发事件进行应急处置。

（七）文件分发组的主要职责

1. 接收各单位经验材料。

2. 负责会议文件的校对、缮印。

3. 组织分装会议文件。

4. 负责会议保密文件的管理。

5. 组织分发、收退、销毁会议文件。

6. 负责会议文件的立卷归档。

7. 协助做好相关工作。

（八）卫生防疫组的主要职责

1. 负责配备常用药品，为与会人员提供一般性医疗服务。

2. 协助病患人员到医院诊治。

3. 负责会议期间食品卫生防疫，防止食物中毒。

4. 负责会议饮用水的安全检测。

5. 酌情配备救护车和急救设备。

（九）财务组的主要职责

1. 编制会议经费预算。

2. 审核并签认会议进行中发生的各项费用。

3. 组织对与会人员收费（提前由驻地开好发票）。

4. 与会议驻地结算费用。

5. 编制会议经费结算报告，备查。

（十）会议值班室的主要职责

1. 掌握大会各项日程进行情况。

2. 掌握领导在会议期间的活动情况。

3. 根据领导要求，负责会议临时事项的通知。

4. 协调解决会议进行中出现的各种与会议相关的问题。

5. 负责会议进行中相关人员的接待。

6. 负责会议所需的电脑、打印机、传真机、复印机等设备的准备与管理。

7. 负责会议所需文具的准备。

8. 负责会议通讯工具的准备与管理，并与有关部门联系办理相关手续。

9. 会议期间接听值班电话并做好值班记录。

10. 负责会议期间临时事项的处置（重要情况及时向领导汇报）。

11. 负责联络与协调各会务工作小组，了解和掌握各工作组工作进度。

12. 负责会议期间机动车辆的临时调动。

13. 完成领导交办的临时性工作任务。

有些大会需要在室外召开。在室外召开的大会，可以增设场地组，负责会场的整体设计、施工搭建、区域施划等。各工作小组的职责分工并不是一成不变的，有些会议，没有必要设置所有的工作小组，其工作职责可以适当调整。

第二个问题：会议分组方案的编制

召开大型会议，在确定了与会人员之后，应当对与会人员进行分组。其目的在于：一是便于管理；二是便于组织；三是便于召开分组会议。

会议分组的基本方法有三种：一是按区域分组，如东北、西南、华南、华东、华北等；二是按行业或专业分组，如运输、基建、工业、物资、高校等；三是按与会人员的职别分组，厅局长（级）和处长（级）及以下分别编组。全国性的大型会议，多是以区域为单位组成代表团，代表团内再根据需要按地区或行业分成若干小组。

不管哪种方法，都要考虑方便、灵活，每组的人数不宜过多，以便于与会人员消化会议内容，领会会议精神，发表个人意见，统一思想认识。每组都要安排召集人或组长，还要安排记录员或联络员。

参加会议的领导同志编组时，一要征求本人意见，二要考虑主管工作需要，三要注意领导同志不要过分集中在一个组里。

第三个问题：会场布置方案的编制

（一）会场布置方案编制的原则

会场布置是会务工作的一项重要内容。编制会场布置方案应当根据会议的内容、参加会议的人数、会议效果等综合考虑。编制会场布置方案总的原则是，营造团结、和谐、民主的氛围，体现庄重、实用、俭朴的风格，达到大方、美观、协调的效果。一般情况下，代表性会议要求庄严、隆重；工作性会议要求严肃、大方；庆祝大会要求喜庆、热烈；座谈性会议要求和谐、民主；纪念性会议要求庄重、融洽；报告性会议要求简单、朴素。

（二）会场布置方案的主要内容

会场布置方案主要包括：会标及标语的制作与悬挂；会场布局和桌椅摆放；主席台就座人数、排序和具体位置；话筒设置与设备调试；投影、幻灯等专用设备的演示；室内照明与温湿度的控制；会场色调的协调等内容。有些会议，如“××局创建服务型机关经验交流会”兼有颁奖环节，在编制会场布置方案时，还应当考虑颁奖的需要，预留领奖人的坐位、明确颁奖的顺序、指定奖品摆放位置、确定颁奖引导人员等。这些内容都要明确位置和数量，明确完成的时间、标准和责任人。会场布置方案也可以表格的形式编制。

【例】

××局创建服务型机关经验交流会会场布置方案

时间：××月××日

地点：招待所二楼大会议室

序号	工作内容	工作标准	完成时限	负责人
1	制作并悬挂会标：“××局创建服务型机关经验交流会”	字体：宋体字加粗，字间距匀称；面料为红色棉布，整幅横用，表面平整无皱褶，悬挂牢固（采用电子会标时，字迹清楚美观）	会议召开前1天	×××
2	制作并悬挂标语：党委书记讲话的标题	同上	同上	同上
3	主席台桌椅	按7位摆放；桌面铺桌布，设话筒、茶杯、座位名签	会议召开前半天	×××
4	摆放话筒	3个，提前试音，保证送话质量，音量适中	同上	招待所×××
5	主席台背景。两侧为各5面红旗，中间为局徽	红旗表面平整、自然下垂，局徽位置居中、悬挂牢固。	同上	招待所×××
5	会场按课桌式摆放，左侧第1排至第3排预留，安排受表彰人员和经验交流发言人；剩余座位按局自然顺序绘制座序图，安排与会人员；第10排为工作人员坐席	桌椅摆放横向、纵向整齐一致，间距适中；桌面平整，茶杯、座签摆放整齐。	同上	招待所×××

续上表

序号	工作内容	工作标准	完成时限	负责人
6	颁奖：领奖人名单确认；奖品、证书准备；颁奖顺序、颁奖音乐；摄影	分3批颁奖，领奖人与奖品、证书相对应，摆放整齐，颁奖过程组织顺畅，颁奖音乐播放准确。摄影及时到位。	提前一天演练	机关党委×××
7	……	……	……	……

第四个问题：生活服务方案的编制

生活服务方案主要包括与会人员的住宿、用餐、交通、会外活动等内容。会议的生活服务方案应当从与会人员报名开始，与会人员的姓名、单位、职务、性别、级别、民族以及参加会议的总人数、报到时间、交通方式、会议天数、会议日程安排等都是编制接待方案的依据。

（一）会议住宿方案

会议住宿方案不必定得过细，一般应明确住所名称，使用房间的规格、数量和与会人员用房的分配原则即可。具体工作由负责生活接待的人员按原则办理。

（二）会议用餐方案

会议用餐方案，主要包括用餐的时间、地点、人数、方式和标准等项内容。会议的用餐地点应标明具体位置，最好在会议住地的餐厅用餐；用餐的时间应根据会议的作息时间统一确定，但也应考虑到人们的进餐习惯；用餐方式，一般采用自助形式，人数较少且不适合采用自助形式时，也可以采用桌餐制，但不得提供酒水和高档菜肴；用餐的标准，应严格遵照有关规定，不得任意提高标准，加大伙食补贴。

（三）会议交通方案

会议交通方案大致考虑以下三种情况。一是与会人员集体赴会时的交通方案。与会人员集体赴会时应当将车队编号，并就集合的时间、乘车的地点、乘什么车、到什么地方、谁负责接送等，预排出一个明确的方案，并通知到每个与会者和有关人员。二是会议期间集体外出活动的交通方案。该方案包括用车的种类、用车的数量、车辆的分配、距离的远近、运行的时间、车辆的先导和疏导，以及组织者和联络员的落实、车队的前后照应等内容。三是会议领导的用车方案。一般情况下，会议领导应与与会人员一起乘车，如因特殊原因，需要单独乘车或几位领导同乘一车时，则需要专门安排。编制交通方案，一要注意乘车方便，二要注意车况路况，预留足够的运行时间，三要注意不违反有关规定。

（四）大型会议的会外活动方案

这一方案是针对会期较长，会议日程又比较紧张时，为了丰富与会人员在会议期间的业余生活，由会议主办单位适当安排一些文化娱乐活动的具体安排。文娱活动的方案一般包括活动的时间、地点、方式、项目及所需经费等内容。编制文娱活动方案要适度，不宜远离会场和过于频繁，每次活动的时间也不宜过长，更要注意不违反有关规定。

第五个问题：会议宣传方案的编制

会议的宣传工作是宣传和贯彻会议精神的必要手段，是会议形式的外延。召开具有重要意义和对社会有较大影响的会议时，应拟定会议宣传方案。会议宣传方案的内容主要有：会议宣传的内容（会议的主题思想、重要意义、主要精神及主要成果等）；会议宣传的主要方式和途径（宣传口号和标语、报刊、广播、电视、新闻发布会、记者采访及其他方式）；会场内外宣传形式的整体策划等。

拟定会议宣传方案时，应尽量详细、具体。会议的有关宣传材料（包括新闻通稿和宣传口号等），应注明负责人和完成时间（涉外宣传时，应事先经有关部门审定）；邀请新闻单位时，应严格控制邀请范围，注明邀请记者人数（需邀请外籍记者时，应通过外事部门统一邀请）；策划会场整体宣传形式时，应附有示意图和简要说明。

第六个问题：安全保障方案的编制

会议安全保障方案，是根据会议的规格、规模、保密程度、与会人员的级别以及会址的内外环境制定的。内容包括：对会场内外环境的检查与控制；防火防盗的措施及应急预案；会议集体乘车出行的交通疏导；紧急情况的应急处置；重要会议的证件制发与查验；重要领导人的安全警卫等。有重要领导人出席的重要会议，应专门制定安全警卫方案，并报请主管部门批准。重要会议，特别是有重要领导同志出席的会议，其警卫方案应按规定保密。

第七个问题：会议活动方案的编制

会议活动方案主要有下列几种。

（一）现场参观方案

现场参观方案主要适用于现场会和观摩会。一般包括现场参观的组织形式、现场准备情况、参观的路线、引导、现场讲解、赴现场的方式、参观时的分组、参观所需要的时间、现场的安全保卫，以及参观人员的人身防护，等等。

编制现场参观方案应当注意如下几点。

第一，制定方案前，应当先到现场勘察，进行调查研究，全面了解和掌握参观的内容，对于先看什么、后看什么，哪些是重点、哪些是特点，以及参观时停留和讲解的时间等，做到心中有数。根据现场的客观条件，设计参观的组织方式，选择最佳的参观路线。

第二，现场参观如果有两个以上的参观点，人数较多时应当分组进行。为保证参观效果，每组的人数不宜过多，一般在20人左右比较合适。当分组人数较多时，应当备有扩音设备。

第三，分组参观要有一定的联络方式、联络手段和联络工具，以备前后照应，首尾相顾，互相联络，保持秩序。

第四，分组交叉参观时，对相互行走的路线和参观时间要进行初步的估算，防止互相干扰。对于参观线路中的拐弯处、上下楼梯处应当设有引导标志或由专人引导。

第五，选择抵达现场的最佳路线，选配好驾驶员并明确任务，对车辆进行必要的安全检查，确保性能完好，必要时应安排备用车辆；必须确定各组联络员或负责人，清点人数，防止与会人员掉队。

第六，方案一经确定，有条件的最好先行演习，以保证万无一失。

第七，备有应急方案，以防止意外发生。

（二）颁奖方案

颁奖方案一般适用于表彰性会议（有些庆典性会议或纪念性会议有时也会增加颁奖程序）。颁奖方案主要包括以下一些内容：颁奖的时间节点、颁奖的顺序、颁奖人及颁奖人数（一般是在主席台或主席台前排就坐的领导）；领奖人及领奖人数；奖品种类（奖牌或证书）及其数量；奖品的摆放与传递；颁奖现场的布置；领奖人的引导、现场指挥以及颁奖礼仪的聘请、训练等。

编制颁奖方案应当注意如下几点。

第一，预先到颁奖地点设计好奖品（奖牌或证书）摆放位置、领奖者的就座位置、上台领奖的径路。

第二，当颁奖人多于领奖人数时，应从中间位置向两边逐一安排；当颁奖人少于领奖人数时，也应依次请中间人多颁一次。

第三，注意现场效果，选好颁奖曲目。

第四，颁奖顺序应尽量固定，以免造成错发漏发（一旦发生错发漏发，应“将错就错”，待领奖后调换）。

第五，要与有关单位共同协商，搞好协调。

其他类似于颁奖仪式的活动，例如授旗仪式、授牌仪式、授匾仪式等，也应制定类似方案。必要时，组织事先演练。

（三）剪彩方案

剪彩方案适用于具有重要意义或重大影响的工程竣工、通车、通航等庆典性会议。这类会议一般是先讲话、后剪彩，也就是说，剪彩是庆典程序的最后一项，是全部活动的高潮。剪彩现场要求气氛热烈，场面壮观，时间紧凑，具有一定的感染力和号召力。因此，编制剪彩方案一定要突出这些特点。

剪彩方案包括剪彩场地的设置与布置、剪彩场地的背景要求、场地的划分、剪彩物品的准备、剪彩人数及其引导、剪彩的方向、剪彩仪式的程序以及群众队伍的组织管理等要素。

应当特别指出的是，庆典性会议和剪彩仪式不可过多过滥，不能一座桥通车要剪彩，一个商店开业也要剪彩。必须严格控制其规格、规模和数量，严格履行报批手续并严格控制经费开支。

（四）奠基方案

大型建筑物和公路、铁路开工建设，往往举行开工动员大会，并且组织奠基形式。奠基仪式的筹备方案主要包括奠基现场的位置、基石的尺寸和文字、基石的装饰、参加奠基的人员确定和按人数准备的工具等要素。编制奠基方案，要充分预留准备时间，特别预留基石雕刻的时间和基坑的挖掘时间。

编制奠基方案应当注意如下几点。

第一，基石的几何尺寸应当与基坑相协调，大小比例适中、薄厚尺寸适度。

第二，基坑的位置及直径应与现场整体环境相协调，直径尺寸以满足奠基人互不干扰为参考。基坑过大，奠基人过于稀疏；基坑过小，奠基时就会相互干扰，造成拥挤。

第三，基石表面文字的审定要严格，不可以出现错别字或不规范用词。时间可以用年、月、日、时、分来表示。

（五）领导接见方案

召开大型的表彰性会议、庆祝性会议和纪念性会议时，往往安排领导同志接见与会代表。接见的形式有座谈、接见、合影等。组织好领导同志接见，是会议的一项重要日程，必须事先作好充分准备，拟定出具体工作方案。

领导接见方案，一般包括下列内容：领导同志的邀请与接待；接见的时间、地点；接见场地布置；接见的方式和议程安排；领导讲话稿的准备；领导讲话的位置确定（摆放立式话筒）；被接见代表的确定；席位安排（包括领导同志和代表的席位）；摄影、摄像安排；领导同志的迎送；有关器材的准备（如扩音机、话筒等）。

拟定领导接见方案，要注意：一要时间准确。一般领导接见的时间很短，长则十几分钟，短则几分钟。因此，要特别强调时间观念，领导什么时间到，每个程序大体需要多少时间，要提前预测，作出安排。二要分工明确。领导同志的接待、迎送，受接见代表队伍的组织，有关器材的准备等都要责成专人负责，以保证整个接见程序紧密衔接，圆满完成。

第八个问题：会议经费预算方案的编制

会议经费预算是会议前期准备工作中的一项重要工作。编制会议经费预算时应当以开会时间、会议规格和规模等作为依据。所谓预算，就是对会议收入和会议支出作出的预测，要将会议经费在会议各项活动中进行合理的调剂使用。

编制会议经费预算应当遵循“节省、可控、有余”的原则。节省，就是根据会议的实际需要，本着能省则省、适当留有余地的原则，科学合理地对会议的各项支出进行预分配，坚持少花钱、多办事。可控，就是将会议经费控制在预算之内。任何会议的经费都有一定的限度，会议期间不得任意增加经费支出，所有开支都必须控制在适度范围之内，并且坚持会议主管领导审批制度。有余，就是要充分考虑会议期间可能出现的、一些不可预见的费用开支，适当留有余地，既要保证会议的必要开支，又要控制在预算之内。

会议经费预算包括会议支出预算和会议收入预算两部分。会议收入包括与会人员交纳的住宿费、伙食费以及其他应当由个人承担的费用。会议支出包括会议场地租金、会场布置费用、会议设备租金、住宿费用、餐饮费用、资料费用，以及业余活动费、人工费、杂费等。

会场使用费。不同等级的酒店，其会场使用费单价不同，计算方式也不一样。有的按时间段计算，如按半天计，或者按小时计；有的按次数计。不论哪一种计费方式，其会场内的常用设备是不另加收费用的，如音响系统、照明系统、通风系统、饮水、桌椅等，但一些特殊设施设备，如投影设备、临时性的装饰物、展架等，往往另外收费。在编制预算时，应当事先了解清楚。

会场布置费。包括会标、会徽和会场内标语的制作，按会议要求在会场内搭建的临时性装饰物、展示台架，会场提供的场内录音、摄像系统以及涉外会议的同声传译系统等。

住宿费。住宿费是会议的主要开支之一。正常的住宿费受酒店星级标准、房型等因素制约。有些酒店在客房内开发了许多收费的服务项目，如洗衣、饮料、送餐等，编制会议经费预算时应当明确这些收费项目由个人承担。

伙食费。会议的伙食费主要指一日三餐的费用。编制会议预算应当明确会议用餐的标准。有的涉外会议在会间需要安排“茶歇”，酒店提供茶歇是按人数计费的。茶歇的品种、数量和服务要求，需事先由会议筹备工作机构与酒店具体协商。

文具及文件印刷费。包括会议各类文件资料的印刷、复印、传真以及会议用文具和物品的费用。

交通费。交通费是指迎送与会人员的车辆使用费、会议期间组织与会人员参加会议活动时的车船使用费等。

杂费。杂费是会议期间由会议组织者临时安排会议活动所发生的费用，包括会议安排的集体照相、业余活动等。

不可预见费。编制会议经费预算，还应当考虑会议期间不可预见的因素，列为不可预见费。不可预见费一般不超过总经费的10％。

会议经费预算，应当报会议主管领导审定后执行。

第九个问题：应急预案的编制

编制应急预案，是为了处置那些在会议期间临时发生的非正常的突发情况。比如，会议活动进行中突发地震等自然灾害，停电、火灾、交通肇事等意外事故，对于这些突发的意外事件，都应当制定应急处置预案。

（一）编制应急预案的要素

编制应急预案的目的是以最积极的手段和措施，应对最坏的情形，争取最好的结果。因此，在编制应急预案时，要有明确的假想针对性。所谓假想针对性，就是根据现场的客观条件，预判发生问题的可能因素，采取必要的预防或处置措施。其中包括现场条件的确认、人员的紧急疏散、容易发生意外的薄弱环节、预防措施、施行应急处置的物质准备（包括人员、设备、物资）、现场指挥等要素。

（二）编制应急预案的方法

编制应急预案要注意：一是要明确目的，二是要确定可能发生问题的薄弱环节，三是要考虑到对薄弱环节采取的强化措施，四是要确定责任人和关键部位的值守，五是要保持良好的秩序。编制应急预案应当简明扼要，文字精炼准确，措施具体得当。

说到这儿，老张看了王磊一眼，问道："你知道开大会的时候，我们最担心的是什么问题吗？"

小王有些疑惑地摇摇头。

"最担心的是安全问题！"老张非常严肃地说。开大会的时候，人的密度是最大的，特别是上千人的大会。当突然发生意外事故的时候，人的安全是第一位的，我们应当以最快的速度，保证人员疏散通道的畅通，指挥与会人员有秩序地迅速撤离会场。这就是所有礼堂之所以设置那么多门和通道的道理所在，也是我们之所以在会前要对会场进行全面检查的道理所在。有的时候，会场里已经坐满了人，有人就搬几把折叠椅坐在过道里。按常理来说，这也算不上什么大事。可是当发生意外的时候，这些折叠椅就成了堵塞疏散通道，影响人们撤离的罪魁祸首。这不是危言耸听，过去曾经在集会的时候发生踩踏事件的惨痛教训，我们可要牢牢记在心上啊！因此，不要把编制会议应急预案当作可有可无的事，而是应当作为一件大事来做，并且要真做、做细、做实。只有应急方案做细了、做实了，一旦发生意外，我们才能做到从容应对，妥善处置。

听了老张这一席话，小王在心里受到了很大震动。同时，也对老张丰富的办会经验更加佩服。

经过几天来的精心准备和辛勤努力，老张和王磊筹办的“创建服务型机关经验交流会”如期召开，并取得了圆满成功，受到了领导的表扬。王磊这个办公室的新兵，在办会的过程中学习了许多，经历了许多，也收获了许多。

第三篇　会务工作实务

会议筹备方案和会务工作分工确定之后，会务工作机构的各个工作小组开始展开具体的组织和筹备工作。本篇按照大型会议的会务工作，着重叙述会议组织与筹备工作的内容、方法、要求和注意事项。

第五章

会前事务性工作

5

王磊在老张的带领下，圆满完成了“创建服务型机关经验交流会”的组织筹备工作。他深深感到自己在会议筹备过程中，向老张学到了许多书本上学不到的东西，既长了见识，又受到了锻炼，收获不小。他把自己这些天来的办会体会，进行了认真整理，以备今后再遇到类似任务的时候作为借鉴和参考。

说来也巧，时隔不久，领导又派他和秘书科的李强、陈晨一起到总公司去参加全公司年度工作会议的筹备工作。

总公司的业务范围十分广泛，几乎在全国任何一个大城市都有像小王他们局这样的单位。由于是全公司的会议，参加会议的人数很多。承办这样大规模的会议，对小王他们三个人来说，又是一个难得的学习和锻炼机会。到会议筹委会报到的当天，他们就分别被分配到大会筹委会会务组、生活接待组和文件组，承担会议前期的准备工作。

第一个问题：选择与确定会址

会址，就是开会的地点。由于会议的规模较大，总公司机关没有能够召开这种规模会议的条件。于是，王磊接受的第一个任务就是选择一家适合召开总公司工作会议的宾馆或饭店。他心想，这个任务太简单了，不就是找一个能开会的地方吗？于是，他痛快地接受了任务。

不一会儿，小王就从网上找到了好几家能够接待大型会议的宾馆，立刻就把宾馆的名称、地址打印出来，径直送到了总公司办公厅主任那里，请领导审定。可让他没想到的是，办公厅主任连着问了他一大串问题，这些宾馆都是几星级？有多少房间？标准间一天的租金是多少？大会议室最多能坐多少人？吃饭的问题好解决吗？小王一时回答不上来。这些问题他想都没想过，他为自己的冒失而感到有些自责。“看来，我把问题看得过于简单了。”小王一边想着，一边回到了自己的办公室，连忙给老张打电话请教。

老张说：“选择会址是会议筹备工作中最重要的任务之一，会址的选择有很多讲究，在电话里恐怕说不清楚，不如下班后你来我家，咱们好好聊聊。”

刚刚过了下班的时间，老张便约着王磊一起来到了自己的家里。还没等落座，小王便迫不及待地请教起来。

以下是老张和小王的对话。

小王：您说选择会址是会议筹备工作中最重要的任务之一，这是为什么呢?

老张：会址的选择，对于会议的效果影响很大。从某种意义上讲，会址的选择，关系到会议能否顺利召开，关系到会议能否达到预期目的，能否取得圆满成功。因此，在选择会址的时候要重点考虑以下五个问题。一是会议的规模，也就是参加会议的总人数，所选择的宾馆（饭店）是否有一个能够容纳包括全体与会人员和会务工作人员在内的礼堂或大会议室；二是是否有足够分组讨论的会议室，这些大小会议室是否能够满足会期的要求；三是是否具备包括工作人员在内的所有人员的食宿条件；四是在我们的会议期间，所在的宾馆（饭店）是否还承接了其他会议，会不会造成互相干扰；五是选择的宾馆（饭店）是否与有关规定相符合。这些问题，如果有其中的任何一项不能满足会议的要求，即使这家宾馆（饭店）的其他条件再好，也不能选择。

小王：那么，选择什么样的会址，才能满足我们会议的要求呢?

老张：选择会址应当遵循“合理、合规、便利、节俭”的八字原则。

所谓“合理”，就是按照会议的内容和主题要求，确定会议的形式和组织方式。既要满足会议内容的需要，又要便于会议的组织和管理。

所谓“合规”，就是选择的会址既要符合会议的规格、规模等方面的要求，又不能违反上级和总公司的有关规定。比如，上级机关明令禁止在旅游旺季到旅游热点城市开会、不得借开会之机公款旅游、不得超标准安排会议食宿等。这些规定是刚性的，必须不折不扣地贯彻。这些规定，也可以说是我们选择会址的纪律要求，任何时候都不可违反。

所谓“便利”，就是会址的选择，既要便于与会人员参加会议，又方便为与会人员做好服务和接待工作，还能为安排会议的其他活动提供必要的条件。

所谓“节俭”，就是选择的会址，既要满足会议的需要，又要体现节俭的原则，少花钱多办事，尽量减少会议开支。正因为如此，能在系统内部招待所开的会，就不要到宾馆（饭店）去开，可以不安排与会人员住宿的会议，就尽量使用单位内部的会议室。咱们现在筹备的是总公司的年度工作会议，总公司会议室满足不了会议的需求，只有选择有条件的宾馆（饭店）开会，但也不能安排在豪华的四星级以上宾馆（饭店）开会。因为这是有明确规定的。

小王：那么，会议对宾馆（饭店）有哪些具体要求呢？

老张：选择宾馆（饭店）作为会址，要综合考虑会议的整体需要，尽量满足以下九个方面的要求。

第一，满足全体与会人员（包括会务工作人员）住宿、用餐、开会一体化的要求。所谓“一体化”，就是尽量把一个会议安排在一家宾馆（饭店），完成会议的各项活动。具体来说，要“四个有”：有足够的客房供会议使用；有设施比较齐全，能够容纳全体与会人员（含会务工作人员）的大型会议厅（室）和附带的小型休息室；有足够用于分组讨论的中小型会议室；有能够容纳全体会议人员（含少数民族）同时集中进餐的室内环境。除此之外，会期的长短也是选择会议室的参考条件。会期较长时，与会人员容易产生疲劳。有条件时，会议室应当安排得稍大一些（一般按照平均每人 1.5～2 平方米测算会议室的总面积），座椅也最好能够更舒适些。

第二，满足会议时间的要求。会议的全部住宿房间和会议室应当有足够的时间空档，包括报到和会议结束后与会人员陆续返程的时间。由于宾馆（饭店）一般以中午 12 点和晚上 6 点作为结算费用的时间节点，因此，会期较长的大型会议应当在会议报到前预留一天使用房间，会议结束后增加一天，以保证会前所有人员都能在报到时直接入住，会后能够从容地陆续返程。当然，会议进行中和会议结束后，如果有些人提前离会，不再需要住宿的，应当测算出清退房间的数量，及时清退，以减少会议经费开支。

第三，尽量满足会议的规格要求。有些规格较高的会议，对宾馆（饭店）的硬件条件要求相对高一些，有重要领导同志出席的会议，还应当充分考虑周围环境对开会地点的影响，如汽车通过能力、噪声控制能力，以及室内温度、湿度、气味的调节能力等。

第四，尽量满足会议的设备要求。会议对设备的要求，一般包括会场的台型、大小会议室的桌椅、空调和通风设备、隔音和照明设备、音响和通讯设备、电脑和互联网接口设备等，有些重要会议或涉外会议，还应当备有投影仪、计算机、同声传译等专用设备并且具有国际通讯条件。此外，会议场所应有防火、防盗设备，以保证与会人员的人身和财产安全。

第五，尽量减少外界干扰。选择会址，一定要避开那些散客较多、噪音大、环境污染严重的地方。如果条件允许，最好一家宾馆（饭店）只单独安排一个会议，避免与其他会议相互交叉，影响和干扰会议的正常进行。

第六，交通比较便利。一方面，会场的位置应当选择在与会人员方便前往的地方，最好是多数与会人员比较熟悉的地方。即使不熟悉，也要比较容易找到，必要时应当附有交通示意图。如果在当地，应尽量离会议的主办单位稍近一些；如果在外地，则要考虑与会人员乘坐火车、飞机、轮船都比较便捷的地方。另一方面，还应当考虑一部分与会人员自行驾车前往参会，会场周围应当设有比较明显的标识。自驾车辆加上会议专用车辆都要有足够的地方停放。既要方便与会人员出行，又要便于车辆进出，特别是大型车辆。

第七，具有良好的服务能力和较高的服务水平。确定会址前，应当将其服务能力和服务水平作为一个重要因素来考察。因为随着社会的进步和市场经济意识的增强，人们对会议服务能力和水平的要求也在不断提高，并且有着多元化的需求。在满足会议条件的同时，应当兼顾为与会人员在会议期间的业余生活，尽可能提供一个相对较好的客观条件。

第八，会议使用的房间和场所有良好的空间条件。包括室内的卫生环境干净整洁、空气清新、温度适中、光线适度、会议桌椅功能齐全，会场通道方便与会人员集中出入等。

第九，租金比较合理。包括各种客房、大小会议室的单价不高于同类标准。同一标准时，要进行比较，以“价廉”、“近便”、“整洁”、“宁静”为首选。

如果会议的规模过大，一个宾馆不能满足会议规模的要求，我们应当考虑租用相邻几家食宿条件相当的同等级宾馆，但至少有一家要具备能容纳所有与会人员开会的礼堂或大会议室。与会人员分组讨论和住宿、餐饮等可分别在几个宾馆中就地安排。租用两个以上宾馆时，应当分别建立联络处，安排相应的会务工作人员。

小王：您说的这九条，我都记下了，除了满足上述要求外，还有哪些需要注意的问题呢？

老张：会址选好后，要及时向主管领导汇报，经请示批准后，可以与承接会议的宾馆（饭店）预订。预订会址时，要留有“备份”，以备会议召开之前由于种种原因需要对开会的时间或会期进行“微调”，最好预订一个时间段，当然预订的时间段不可太长。会期确定之后，要及时与宾馆（饭店）签订正式的租用合同，并与有关经办部门和人员保持密切联系，检查对方承诺有关事项的落实情况，对存在的疏漏之处，及时提出改进和弥补的措施，以保证会议如期召开。

从宾馆（饭店）的角度讲，应当积极配合会议承办单位，按照合同（协议）的约定和有关要求，认真做好接待会议的各项准备工作（包括按时提供会议用客房的数量、提前准备各种会议室、对各种设施设备进行安全检查、提前准备餐料、预先备好个人交费的发票等等）。

按照老张说的这些基本条件，小王对从网上下载的几家宾馆（饭店）进行了比较，挑选了三家。又用了整整一天的时间，进行了实地考察。他将考察情况专门给领导递送了一份报告。报告大体包含了宾馆（饭店）的地理位置、基本概况、大中小型会议室的功能及其数量、客房总数及为会议提供的客房数量、会议用餐的形式和场所、宾馆（饭店）承接会议的档期安排及会议期间各类会议室、客房、餐饮的总报价比较等内容。报告的最后，还特意绘制了三家宾馆（饭店）的会议室、餐厅、客房的分布示意图。领导看了之后，对小王认真负责的工作态度给予了充分肯定。

第二个问题：制发会议通知

选择会址的任务，小王干得很漂亮。经过领导批准，很快确定了开会的时间和地点。接下来的工作是准备起草和发出会议通知。

会议通知，是向与会人员告知会议有关事项的的公务文书。制发会议通知，是会议召开前的一项重要基础工作。它的作用在于，召开会议之前向全体与会人员告知会议的任务、规模、规格，介绍会议筹备和组织的有关情况，提出对与会人员的要求以及提示与会人员所应知晓的其他有关事项（包括会议召开的时间、地点、会期以及与会人员应当提前准备的事项等）。

（一）会议通知的形式

会议通知的形式很多，常见的主要有口头通知和书面通知两大类。口头通知包括电话通知、当面通知、广播通知、视频通知等；文字通知包括公文格式的书面通知、电报、传真、手机短信、微信、电子邮件以及请柬和邀请函等。小王采取了公文格式的书面通知和邀请函两种通知形式。

（二）会议通知的内容

无论采用何种形式，会议通知发出前，应当拟写一份草稿，以保证通知内容的完整无误。起草会议通知，一般应包括以下要素。

1. 会议名称（含召开会议的机关）。

2. 会议主题或者是会议的主要任务。

3. 召开会议的时间（含会期）。

4. 会议地点（会址名称和具体地址）。

5. 参加会议的范围及人员构成，包括职务、级别、人数要求等。

6. 与会人员报名和报到的时限、地点。

7. 与会人员的会前准备（需携带的文件、资料等）。

8. 与会人员报名的要求（包括单位、职务、姓名、性别、民族、到达会址的时间、车次或航班，以及返程计划等)。

9. 告知与会人员的其他事项(如会址在寒冷地区，注意添加衣物，带好常用药品等)。

10. 报名的联系单位、联系人和联系电话。

11. 报名回执。

(三)会议通知的公文格式

会议通知的公文格式，通常包括标题、主送和抄送单位、正文、落款几个部分。标题写明什么单位召开什么会议(如《××总公司关于召开年度工作会议的通知》)。如果是单位内部开会，或者是例行性会议，也可以只写“会议通知”或“通知”。主送和抄送单位是通知的发放范围(一般主送单位是要求派人参加会议的，而抄送单位则只需知晓。主送单位要逐一核对，不可遗漏)。正文应当写明召开会议的目的和主要内容，会议的时间(年、月、日、时、分)，地点，对与会人员的要求(级别、人数)和其他注意事项。落款为通知的制发单位和通知发出的时间。

通知的正文之后应以附件的形式附带报名回执。

起草会议通知要尽量详细、具体，文字表达要准确、精炼，使与会人员对会议的有关情况清楚地了解和掌握，以便做好参加会议的准备。

对于这些，小王已经不再陌生，因为他有上一次办会的经验。所不同的是，这次是总公司的年度工作会议，除了正常参加会议的人员范围之外，还将邀请一些列席人员和有关合作单位的领导出席会议。

按照通知的格式和内容要求，小王很快便起草好了总公司工作会议通知。

【例】

××总公司关于召开年度工作会议的通知

总公司所属各单位、机关各司局委办：

定于××××年××月××日至××月××日，在××（城市或会址名称）召开总公司年度工作会议，会期2天。现将有关事项通知如下。

一、会议内容

总结××××年工作，分析当前和今后一个时期总公司面临的生产经营形势，全面部署总公司新的一年重点工作。

二、参加会议人员

1. 总公司领导班子成员。

2. 总公司所属各单位（含二级单位）党政主要负责人、分管生产经营的副局长、党委副书记、纪委书记、工会主席、团委书记。

3. 总公司机关各司、局、委、办，直属机关党委、工会主要负责人。

4. 总公司直属各企事业单位党政主要负责人。

5. 邀请××公司等相关合作单位和部分新闻单位记者列席会议。

三、报到的时间、地点

请于××月××日 18 时前到××市××宾馆报到（××市××区××路××号）。

四、其他事项

1. 请参加会议的各单位携带本单位年度工作总结和经验交流材料 270 份，报到时交会务组，以备大会交流。

2. 请各单位接此通知后，将报名回执表电传总公司总值班室。传真电话：×××××××××。

3. 联系方式

大会在××宾馆××房间设置会务组。

联系人：×××

联系电话：×××××××××、×××××××××

××总公司办公室

××××年××月××日

（四）制发邀请函

接着，小王又着手起草发送给有关合作单位和新闻单位记者的邀请函。

邀请不相隶属的有关单位领导或相关人员出席会议时，一般以邀请函或请柬的形式发出通知。请柬和邀请函具有一定的礼节因素和相应的礼仪规范，不具有指令性，能否按时出席，由被邀请方自行决定。

请柬，也叫请帖，是为了邀请相关单位领导出席会议或活动的礼仪性书信。使用请柬，既可以体现对被邀请者的尊重，又可以表示邀请者对此事的重视程度和郑重态度。会议请柬除具有通知的功能外，有时还可以作为会议报到的依据和出席会议的凭证。

请柬由称谓、正文、落款和日期组成。称谓是指被邀请单位名称或个人姓名。发给个人的邀请函应在姓名后面加“职务”或“先生”、“女士”等称谓。正文写明会议或活动的内容、时间、地点以及其他应告知的事项。

请柬有特殊的礼仪用词和格式要求。如“敬请（恭请）光临（莅临）”、“此致、敬礼”等。“此致”应另起一行，紧邻请柬中线的左侧，“敬礼”则顶格写在下一行。

【例】

×××先生（女士）：

兹定于××月××日（星期×）上午×时，我单位在××处召开××××大会，敬请光临。

此致

敬礼！

×××××××（单位）

××××年××月××日

邀请函与请柬略有不同。函，即信件。邀请函就是邀请人发给被邀请人参加会议或某种活动的约请性书信。有些会议，往往需要邀请不相隶属的单位或个人参加。邀请不相隶属的单位或个人出席会议时，一般使用邀请函。邀请函的格式与公文格式的会议通知基本相同。不同之处在于，邀请函在开头和结尾处使用礼仪用词，以体现对被邀请方的尊重。称谓前一般应用敬语，如“尊敬的×××（先生/女士）”或“贵单位”。结尾常用“特此致函，敬请光临”或“期待届时光临”、“恭候您的光临”等礼貌用语。

下面是小王起草的邀请函文稿：

【例】

××总公司关于邀请出席我公司年度工作会议的函

尊敬的×××先生/女士（或××××××单位）：

经研究决定，××××年××月××日在××（地方）举行××总公司年度工作会议。特邀请您（或贵单位一位负责同志）出席，可带随员一人。如您能拨冗参加，我们将不胜感激。请您于××月××日前将回执电传至××总公司值班室。有关具体安排待报名后另行告之。如届时自行前往，请于××月××日前到××市××宾馆报到。

特此致函，期待您的光临！

联系人：×××

联系电话：××××××××、×××××××××

附：回执单

（邀请单位）×××××××（章）

××××年××月××日

表 5-1　××××会议报名回执表

单位	姓名	职务	民族	备注

注：收到此函后，请务于××月××日前将回执反馈给会议筹备组或我单位总值班室，传真电话：××××××××。

小王将起草好的会议通知和邀请函呈送领导审阅、签发，并按要求发送。

小王用传真发出了会议通知和邀请函，逐一查询，确认对方已经收到。

第三个问题：组织报名并进行资格审查

会议通知发出后，王磊开始着手组织报名和与会人员的资格审查工作。他主要做了四件事。

（一）敦促报名

有了上次办会的经验，小王明白应当在会议通知和邀请函发出后，及早与接收单位或个人联系，按照通知的报名截止时间，尽快完成报名工作，以便为下一步工作创造条件。报名时，应以回执为准。以电话形式报名的，应以传真为准，以保证与会人员的相关信息准确、清楚，避免出现差错。让他记忆犹新的是，上一次会议，他是用电话接收报名的，对方告诉他参加会议的人叫冯勍（qing），于是就登记为“冯晴”了。当看到本人报到签名时，才发现自己把领导的名字写错了。因此，这一次，他坚持以传真为准，字迹不清的一定要重新传送，决不能再出现上次的问题。

（二）造册登记

王磊把事先准备好的会议报名登记表放在办公桌上，一边接收传真，一边进行登记。对应着表格中列出的，包括报名单位、姓名、性别、民族、职务、到达会址的车次（航班）、到达时间，以及返程日期、返程车次（航班）等栏目仔细进行核对。突然，他发现有两个单位的报名回执与大会的职务要求不符，立即向领导作了汇报。领导告诉他，造册登记的目的除了统计人数外，还有对与会人员进行资格审查的作用。你看，通知要求参加会议的是总公司所属各单位党政主要负责同志，应当是正职报名才对，报名回执明确为副局长，显然与会议要求不符，你应当与这两个单位联系，把情况了解清楚。按照领导的要求，小王拨通了这两个单位的办公室电话，其中一个单位的办公室副主任告诉他，局长在两天前下基层，当地突降大暴雨，造成公路、铁路运输中断，正在当地指挥救灾，只好请副局长代为开会。另一个单位是因为局长突发疾病住院不能来，也只好派副局长代替。了解了情况之后，小王又去向领导报告，领导说，已经分别接到了这两个单位局长的电话，说明了情况，总公司领导同意由副局长参会（注：有些代表性会议的代表资格审查是由组织人事部门专门负责，并且只能由本人参会，本人不能按时参会的，应当履行相关手续）。

（三）信息统计

为了随时掌握报名进度，做到不漏报、不错报、不误报，底数清楚。王磊边登记边进行统计，并对与会人员的信息进行了认真核对，特别是姓名、性别、民族和职务。

（四）整理移交

报名结束后，王磊将报名的原始资料进行了整理，集中保存，以备核对检查。同时将报名表复印两份，一份交给了李强，作为生活接待组编制接送站计划的依据。另一份交给了会务组的领导，以便安排受邀请单位有关人员的接待工作。

表 5-2　×××××会议报名表

年　　月　　日

序号	单位	姓名	职务	性别	民族	到达日期（车次/航班）	返程日期（车次/航班）

第四个问题：编制住宿房图

完成了会议报名的工作之后，接下来的任务是对照与会人员名单，编制住宿房图。这项工作是由生活接待组承担的。李强正好在这个组，他从王磊那儿拿来了报名表，着手编制住宿房图。过去几年，小李一直在秘书科搞文字工作，很少接触这类工作。什么是房图、为什么要编房图、怎样编？小李感到一头雾水。听小王说，老张是办会的行家，他也想去找老张问问清楚。

老张告诉他，住宿房图，是参加会议的所有人员（包括工作人员）住宿房间的分配图。编制住宿房图的过程，就是为全体与会人员（包括工作人员）分配住房的过程。接着，老张又耐心地给他讲了编制房图的准备工作、编制房图的一般方法和注意事项。

（一）编制会议住宿房图的准备

编制住宿房图，首先要做好四件事。

第一，了解所在宾馆（饭店）为会议提供的全部房间的基本概况，包括房间的规格、种类、朝向、楼层，不同种类和规格的房间数量以及所有房间的总数。

第二，了解所有与会人员（包括会务工作人员）的基本构成，包括级别、职务、年龄、民族、性别等，以便在编制房图时能够一一对应。

第三，准备房间分布图。各个宾馆（饭店）一般都有标明楼号、楼层和房间分布情况的客房示意图。编制会议住宿房图时，应尽量使用所在宾馆（饭店）的原始客房分布示意图。没有分布图的，应当由会务工作人员按照该宾馆（饭店）的客房分布格局，自行绘制。

第四，准备一台计算机。编制会议住宿房图，实际上就是在平面图上填写住宿人员的单位和姓名。因此，使用计算机把原始房间示意图事先存在电脑里，对照与会人员和工作人员名单，逐一录入，操作起来会更加快捷、准确，也易于调整。

（二）编制住宿房图的一般方法

做好了前面的准备工作，就可以动手编制住宿房图了，但要掌握一定的要领。

1. 重要人员优先安排

所谓重要人员，一是指主要领导，二是指携带重要文件资料的人员。安排主要领导的房间时，应尽量选择既便于工作又利于休息的房间，同时有几位相同级别的主要领导时，要兼顾他们之间的相互平衡。还要注意把领导的警卫、秘书尽量安排在距离领导比较近的房间。携带重要文件资料的有关人员，应尽量安排在高层，并且不能将其他人员安排在同一房间。

2. 特殊人员特别安排

所谓特殊人员，是指对住房有特殊要求的人员。如行动不便的、神经衰弱的、高声打鼾的、需要有人陪伴的，等等。在条件允许的情况下，对他们应当分别给予适当照顾。同时，还要尊重少数民族人员的生活习惯，某些有禁忌的少数民族代表应当单独安排房间。有外宾参加会议时，应当按外宾接待的规定和外宾的生活习惯安排住房。

3. 其他人员平衡安排

其他与会人员，同时还包括邀请的来宾、新闻记者以及列席会议的人员等。由于会议规模较大，为便于联系，与会人员的住房，应当按照本系统的自然排序，逐层安排；邀请的来宾，如果仅参加会议部分议程，最好能够集中安排，以便在他们离会时，将房间集中腾退；记者的房间，原则上应当按一人一间安排，以方便采写稿件；既有文字记者又有摄影摄像记者时，应当将文字记者与摄影摄像记者相对集中地分别安排；安排列席会议人员的房间时，应根据参加会议的时间相对集中安排。总之，要注意平衡，包括楼层的高低、房间的数量和朝向、居住的人数等都要兼顾。

4. 工作人员合理安排

会务工作人员都有不同的分工，在安排他们的房间时要注意方便工作。如会议总值班室应当离会议领导稍近一些，便于向领导请示报告值班情况；主管宣传的尽量离新闻记者近一些，便于交流和组织记者活动；起草文件的尽量集中在一起，便于对会议文件进行讨论和组织修改；主管后勤服务和生活接待的所在楼层尽量低一些；汽车驾驶员等工勤人员要对住会和不住会的分别安排，住会驾驶员在会议报到时要全天候接站，因此，他们的房间要尽量安静一些，以保证他们能够休息好。不住会的驾驶员，可以多人安排在同一房间临时休息，但要进出比较方便。

（三）编制会议住宿房图的注意事项

1. 仔细核对

会议住宿房图编排完成后，要请其他工作人员帮助对照参加会议的名单进行核对，检查所有与会人员是否全部安排完毕，不可遗漏。安排两人同室居住的，对同室人员的姓名、性别必须认真核对，以免发生差错。

2. 重点检查

特别要注意会议负责人或参加会议的领导的房间是否与其级别相适应，是否符合有关规定，不可超标准安排房间。

3. 适当留有机动

会议期间，与会人员的数量可能会有增有减，房间数量也可能有多有少。因此，应当适当留有机动房间，以备临时调整。

4. 妥善保存

住宿房图编制好后，要交会议值班室妥善保管，以备查阅。

李强按照老张的提示，先到宾馆客房部找来了房间分布图，又把报名表反复看了几遍，对与会人员的构成，心里有了一些底数。然后，按照老张教的方法，开始为与会人员分配房间。一开始，他有些摸不着头绪，刚把人名填上又觉得不合适，勾勾抹抹，反反复复，用了整整半天时间，才填好了一张图。中午吃饭的时候，他又找到了老张。老张告诉他，编制住宿房图要按四步走。第一步，先安排领导和秘书的房间；第二步，安排需要特殊照顾的人员房间；第三步，按照单位的排序依次安排；第四步，安排工作人员房间。每分配一个房间，要在报名表上作个记号，以避免出现差错。

有了老张的点拨，小李的工作效率果然提高了很多。几百人的房图很快就完成了，他仔细地核对了一遍，感到自己很有成就感。

N

201	202	203	204	205	206	207
过 道						
208	209	210	211	212	213	214

101	102	103	104	105	106	107
过 道						
108	109	110	111	112	113	114

图 5-1 ××宾馆房间分布图

注：表中的数字表示房间号，表格右上方的大写字母“N”代表朝向。

N

201 ×××	202 ×××	203 ×××	204 ×××	205 ×××	206 ×××	207 ×××
过 道						
208 ×××	209 ×××	210 ×××	211 ×××	212 ×××	213 ×××	214 ×××

101 ×××	102 ×××	103 ×××	104 ×××	105 ×××	106 ×××	107 ×××
过 道						
108 ×××	109 ×××	110 ×××	111 ×××	112 ×××	113 ×××	114 ×××

图 5-2 住宿房图

注：表中的“×××”代表与会人员姓名。如果宾馆的客房分别在几个不同的楼房，住宿房图应当分别编制并注明楼号、楼层。

第五个问题：编制会序册

会序册是用于全体与会人员了解和掌握会议的总体情况、组织形式、程序安排、纪律要求和有关提示事项的知晓性资料。它包括会议须知、会议日程、会议分组、与会人员名单和会务组织机构等。会序册一般由会务组负责编制。

会序册具有“告示”、“指示”、“联络”等作用。“告示”的作用在于，通过会序册告诉与会人员会议全过程的总体安排，会议召开的具体时间、地点，以及参加各项会议活动的注意事项，让与会人员心中有数。“指示”的作用在于使会务工作人员按照会序册展开各项会议活动的准备工作，或组织全体大会，或组织小组讨论。“联络”的作用在于通过查阅会序册，便于查找与会人员和工作人员在会议期间的具体位置和联络方式，便于会议临时事项的通知，同时也便于与会人员之间的相互联系。除此之外，会序册对于会议组织者还具有查考、借鉴的作用，对于与会者又有着一定的保存和纪念价值。

（一）会序册的主要内容

1. 会议须知

会议须知是告知全体与会人员应当知晓的事项、必须遵守的会议纪律和相关规定，也叫“会议注意事项”、“代表须知”、“会议人员须知”等。它是根据会议的性质和内容制定的知晓性和规定性的文件。会议须知一般排列在会序册的前面，以方便与会人员随时查阅。

会议须知的内容主要包括会议日期、会议作息时间、会议请假制度、会客制度、保密制度、会务工作人员和会议各种设施的分布、联系电话以及其他注意事项。

会议须知的制定既要详细具体，不遗漏有关事项，又要简明扼要，使人一目了然，便于与会人员掌握和遵守。

【例】

会议须知

一、××会议于××××年××月××日至××月××日在××宾馆召开，会期×天。

二、请与会人员按要求准时参加会议，在指定位置就座。

三、进入会场后，请保持良好的会场秩序，关闭手机或将其转为静音模式。会议进行中请不要接听或拨打电话，不随意走动。

四、请遵守大会纪律，妥善保管会议文件。

五、会议期间，与会人员原则上不得请假。遇有特殊情况必须离会时，请向主管领导请假，并告知会务组。

六、会议期间，与会人员出入会场、就餐和参加会议组织的各项活动时，请佩戴会议证件。

七、会议统一安排用餐。就餐地点在×楼中餐厅，清真席设在××房间。

就餐时间：早餐7：00、午餐12：00、晚餐18：00。

八、会议期间，遇事请与会务工作人员联系，他们会为您提供满意的服务。

会务组（负责人）设在×号楼××房间，电话：××××××××

文件组（负责人）设在×号楼××房间，电话：××××××××

会场组（负责人）设在×号楼××房间，电话：××××××××

接待组（负责人）设在×号楼××房间，电话：××××××××

宣传组（负责人）设在×号楼××房间，电话：××××××

九、通讯方式：××宾馆总机：××××××××，各房间互拨请直拨房间号，呼叫市内电话，请在号码前加拨“8”。

十、与会人员返程时，请将房卡（房间钥匙）交总服务台或会务工作人员。

十一、会议期间如有临时事项，请注意大会通知，会务工作人员会及时与您联系。

2. 会议日程

会议日程是会议议程按日安排的程序。会议的各项议程在会议期间何时进行、在哪进行、怎样进行，均应用表格显示出来。会议日程表由时间、地点、会议内容、主持人等要素构成。

表 5-3 会议日程

时间		内容	主持人	地点
××月××日	09：00至12：00	全体大会 1. ×××同志作工作报告 2. ×××同志讲话	×××	一楼报告厅
	14：00至17：30	全体大会 交流经验 （发言顺序另发）	×××	一楼报告厅
××月××日	08：30至15：30	分组讨论（讨论内容）	各组召集人	见分组表
	16：00至17：30	全体大会 ×××同志作大会总结讲话	×××	一楼报告厅

注：12：00～14：00为午间休息时间。

3. 会议分组表

一般大型会议都要对与会人员进行分组。分组的目的：一是便于组织与会人员对会议的主题或者主报告进行讨论；二是便于与会人员参加会议统一组织的集体活动。会议分组应当充分考虑各组之间和小组内各与会单位之间的内在联系，便于与会人员在讨论和参加会议其他活动时进行相互交流。

为便于组织活动和与会人员讨论发言，会议分组不宜过大，一般一个小组应当控制在30人左右。安排会议分组时，还要注意分组讨论地点对与会人数的客观要求，既不可太拥挤，又不能过于空旷。

表 5-4　××会议分组表

组　别	参加人员	召集人	联络员	讨论地点
第一组	各直辖市代表	×××	×××	第一会议室
第二组	东北各省市代表	×××	×××	第二会议室
第三组	华东各省市代表	×××	×××	第三会议室
第四组	华北、华中各省市代表	×××	×××	第四会议室
第五组	华南各省市代表	×××	×××	第五会议室
第六组	特邀代表和其他代表	×××	×××	第六会议室

4. 会议人员名单

会议人员名单也要列表显示。其中包括序号、姓名、性别、年龄、民族、单位及职务、房间号、电话号以及乘车、用餐等栏目，并且讲究一定的排列顺序。

（1）按出席会议的级别排序。级别（或职务）高的排列在前，相同级别的按习惯顺序排列；现职和离退休的同级领导同时出席时，现职排列在先，离退休的排列在后；相同级别的不同单位的领导同时出席时，被邀请单位的领导排列在先，主办单位的领导排列在后。主要领导和一般与会人员按序排列时应当用空格隔开。

（2）按系统排列。同一系统的，按上下级关系及系统内的自然顺序排列。不同系统的人员排列时，可根据人数多少，以空格或分页隔开。新闻单位按照先中央后地方的顺序排列。工作人员按工作小组分别排列。会议人数较多时，工作人员名单可另行印制，但须在会序册的会议须知中显示会务工作总负责人和各工作小组负责人的姓名、职务，以及在会务工作中负什么责任、房间号和联系电话。会务组织机构名单，一般印在会序册的最后。

表 5-5 ××会议人员名单（式样一）

序号	单位	姓名	性别	职务	房间	房间电话	乘车号	用餐地点	备注
1									
2									
3									
4									
5									
6									
7									

表 5-6 ××会议人员名单（式样二）

序号	单位	姓名	房间号	联系电话	备注
1	会务组				
2					
3					
4					
5					
6					
7					
8					
9					

（二）编制会序册的一般要求

1. 认真核对，准确无误

会序册的内容较多，不要漏项。与会人员的姓名、性别、年龄、民族、单位、职务、房间号、电话号码等都要仔细校对，不出差错。

2. 结构合理，便于查阅

会序册本身也应当有一个比较规范的排列顺序，大事小事有所区分，结构、布局比较合理，方便与会人员查阅。

会序册的一般结构顺序是"须知"、"日程表"、"分组表"、"会议人员名单"、"会务工作机构和工作人员"。

3. 朴素大方，便于保管

会序册应以文件的样式出现，要求朴素大方，不要超标准印刷。除代表性会议、表彰性会议、庆祝大会之外，封面要尽量用素面纸印刷，封面纸要硬一些，内页用纸也不宜过簿。会序册的规格应当与会议文件相同，一般以"A4"为宜。

第六个问题：编制会议服务手册

大型会议由于与会人员较多，食宿地点比较分散，有的甚至需要安排在两个以上宾馆（饭店），即使会址选在同一家宾馆（或会议中心），也会分为若干个区。无论是住宿、用餐还是分组会议，都会给与会人员带来诸多不便。为此，大会工作机构往往需要编制会议服务手册。会议服务手册一般由大会生活服务组负责编制。

（一）会议服务手册的主要内容

会议服务手册一般包括以下一些内容。

1. 会议内容和具体安排提示

包括大会议程、日程安排，大会分组会议地点及所在位置提示，从不同宾馆（区域）前往主会场的路线，需要乘车时，还需注明乘车时间、集合地点等。

2. 会议的食宿安排

包括所在宾馆的用餐时间、地点提示，所在宾馆住宿房间的位置提示等。

3. 会议提供的服务项目介绍

包括会务工作机构及分工介绍、会议值班服务、会议医疗服务、会议用车服务、会议网络与通信服务、会议返程与票务服务、会议期间业余活动安排及场所介绍等。

（二）编制会议服务手册的方法

1. 突出“实用”二字

服务手册重在服务。要坚持以人为本的理念，力求通过为与会人员提供会议期间的各种相关信息，体现会务工作机构的服务意识和周到细致的工作。因此，在内容上要尽可能符合与会人员的需求，

2. 突出“准确”二字

服务手册提供的所有信息都是对与会人员和会务工作人员的有益提示，有些甚至是规定性的。特别是大会的有关安排，更要准确无误，以免影响会议的正常进行。

3. 突出“便捷”二字

编制会议服务手册，既要有足够的信息量，又要使人一目了然，便于与会人员和工作人员查阅。这就需要对手册的编排进行合理布局，在排列顺序上突出重要信息，内容较多时，应有目录索引。

4. 突出“朴素”二字

服务手册应以俭朴为本，不要追求奢华。封面应选用不易折损的纸张印制，尺寸不宜过大。但考虑到中老年人群的需求，字体应当适中，最好能随身携带。

第七个问题：准备常用表格

会议筹备过程中，为了便于各个工作小组相互联系，了解和掌握工作的进度，加强管理、密切配合，提高会务工作的质量和效率，会务工作机构往往需要准备一些常用表格，以方便工作。下面是一些表格的基本样式。

表 5-7　×××会务工作人员联系表

部　门	姓　名	所在单位	手机号码	主要任务
会务总负责人	×××	总公司机关	×××××××××××	会议统筹
会务组	×××	办公室	×××××××××××	组长
会场组	×××		×××××××××××	组长
文件组	×××		×××××××××××	组长
接待组	×××		×××××××××××	组长
保卫组	×××	保卫处	×××××××××××	组长

表 5-8　××会议会务工作进度表

序　号	部　门	工作内容	负责人	完成时间	工作要求	备　注
1	会务组					
……	文件组					
……	接待组					

表 5-9　××会议与会人员接（送）计划表

单　位	姓　名	到达站（出发）	到达时间（出发）	人　数	接（送）负责人	驾驶员	备注

表 5-10　××会议设备使用登记表

设备名称	件　数	借用时间	归还时间	借用人	备注
对讲机	5	×日×时		×××	
投影仪	1	×日×时		×××	

表 5-11　××会议会场使用计划表

会场名称	会场用途	使用时间	负责人	备 注
礼堂	全体大会	×日上午	×××	
第一会议室	分组讨论	×日下午	×××	

表 5-12　××会议车辆调度表

车牌号	车型	载客	司机	目的地	出车时间	返回时间	备注

注：此表也可以作为车辆派遣单使用。

表 5-13　××会议值班记录表

日 期	时 间	来电号码或来访单位	通话人或来访人	主要事由	接电话人或接待人	办理结果	备 注

第八个问题：准备会议用品

召开大中型会议需要准备一些常用的物品，有些可以在市场上购置，有些则需要会务工作人员自己制作。

（一）印制会议证件

会议证件是与会人员的身份证明和出入会议场所、参加会议活动的凭证，还具有通行、纪念等功能。一般来说，大中型会议都应当制发会议证件。制发会议证件，有利于对与会人员实施管理和提供服务，保证会议安全和会议秩序。

1. 会议证件的种类

会议证件一般分为代表证、出席证、列席证、嘉宾证，以及工作证、记者证、出入证、汽车通行证等。会议证件（除汽车通行证外），一般经塑封处理，佩带在胸前，以方便识别和查验。

会议证件的制发要灵活掌握。有的会议无需证件，会议通知即可代替，有的会议只需发入场性质的证件，还有的会议主办方通知自制一种专用规格的符号或数字，作为一次性出入会场的凭证。

会议证件的式样也不完全一样，如大型的庆典仪式或庆祝大会，一般以胸花作为贵宾或来宾的出席标志。无论哪一种样式和规格，都要求简明、美观。

2. 会议证件的制作

会议证件由会议主办单位统一制作。会议证件的内容一般包括会议名称、会议地点、会议时间。重要会议的证件还应包括与会人员的单位、姓名、编号和本人照片。

会议证件一般是一次性的。样式由主办单位自行确定，可以是胸卡式的，也可以是悬挂式的。胸卡式证件多用于场所内的会议；悬挂式证件则多用于现场会等室外会议。各种证件一般以颜色加以区别。同一种证件，也可以根据需要制成不同的颜色或不同的样式。一般采用单一颜色的彩色纸，同一会议的各种证件应以颜色相区别。红色、粉红色一般用于代表证或出席证，黄色、绿色、蓝色多用于其他证件（有重要领导同志出席的会议，主席台上人员的证件与台下的也应在颜色上有所区别）。证件正面一般用印刷宋体字标示会议名称和证件种类，证件的下方为证件编号，并标注会议所在地和年份、月份（也可以只标编号）。重要会议还要在证件的右上角粘贴与会人员和工作人员的本人照片。

在室外举办的大型庆典活动的证件主要有贵宾证、嘉宾证（多用胸花，可以是鲜花，也可以是绢花，花朵下面系一条绸带，印有“贵宾证”、“嘉宾证”字样）、记者证（由于在室外采访，流动性较强，多设计为悬挂式），悬挂式证件一般应双面印刷。有重要领导同志出席的重大庆典活动时，记者证应在颜色上有所区别，少量的可以接近核心区。工作人员的证件除工作证外，还可以制发指挥证或总指挥证，重大活动时核心区的工作人员证件数量应当严格控制。

使用鲜花作为证件时，花簇的尺寸不宜过大，便于佩戴（使用别针时，要上下各一个，保持胸花与地面垂直）。还要注意鲜花的品种和颜色，花瓣不打蔫、不掉色。

3. 会议证件的发放

会议证件中的代表证发给参加会议并且有表决权和选举权、被选举权的代表；出席证发给出席会议的人员；嘉宾证发给邀请的来宾；列席证发给出席会议，但没有表决权的列席人员；记者证发给采访会议的摄像、摄影记者和文字记者；工作证只发给参与会议组织和筹备工作的人员。有些重要会议，对记者证和工作证的使用区域有一定的限制。因此，这两种证件一般要制成同一规格，但有两至三种不同颜色，以区别不同的工作区域。出入证发给与会人员所带随员，只作出入住地使用，一般情况下，不能出入会场。汽车通行证是一种可以出入会场和住地的车辆证明，优先发给会议用车辆，也可以视车位数量适当发给有关单位和自行驾车的与会人员。

分发会议证件，应由专人负责（重要会议的证件一般由安全保卫组发放），作好记录，防止错发、漏发。

××××× 会议

出

席

证

××× 单位

××××年×月

图 5-3　出席证

××××× 会议

代

表

证

××× 单位

××××年×月

图 5-4　代表证

××××× 会议

列

席

证

××× 单位

××××年×月

图 5-5　列席证

××××× 会议

工

作

证

××× 单位

××××年×月

图 5-6　工作证

××××× 会议

记

者

证

××× 单位

××××年 × 月

图 5-7　记者证

编号：001 号

× × × × × 会议

车 辆 通 行 证

制发单位：× × × × × ×（章）

××××年×月

图 5-8　车辆通行证

（二）制作标牌、标语

1. 会议指示标牌

会议指示标牌是用于向与会人员指示往返于会议活动场所的方向、路径、位置的标识。标牌的设计要美观、大方，颜色醒目，并置于显著位置。

2. 与会人员迎送标牌

迎送标牌是表示对与会人员欢迎、欢送的礼节性标识。多见于会场前厅或会址的正门两侧。使与会者走进或离开会场都能感受到亲切的氛围。在有条件的地方，迎送标牌也可以利用电子显示屏输入表示迎送的温馨词句。无论采用哪种形式，制作迎送标牌，要注意俭朴。除有特殊要求的会议之外，一般不在会场外张贴和悬挂祝贺和欢迎类标语。

接送站时也往往需要制作迎送标牌，表面颜色要醒目，便于辨识，尽量采用轻质材料。

3. 座签

座签也叫名签、台卡。座签是在会场座席上标明就座人姓名的标签。其作用是标示座位、引导入座。目前常用的座签，是用一定规格的卡片纸打印上姓名，插在特制的有机玻璃座签卡上的。这种座签卡市场上多有销售。

有些会议，也可以按照通用规格自行设计制作座签，方法是选用硬一些的粉红色卡片纸，先用打印机在正反两个方向打印姓名，按适当规格（一般为 240×120 mm，主席台上的座签应当大一些）剪出一个长方形从中间对折，再从两边各取 1/3

向反方向对折，用双面胶带粘接好就可以了。如果在室外，在内侧压上一块金属条，以防止被风刮动。

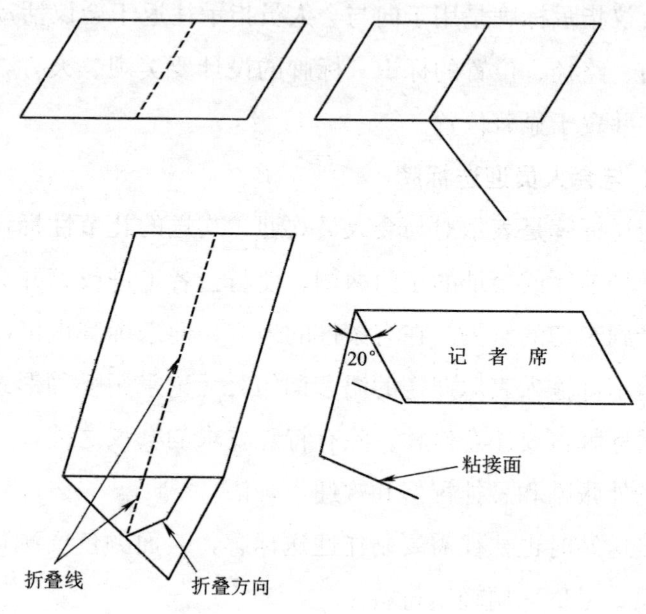

图 5-9 座签的简单制作

（注：座签的颜色，除追悼性会议外一般不用白色，大多使用粉红色或红色。）

座签的字体要标准、规范，字形美观，大小适中（多用宋体字和楷体字）。有外宾出席会议时，座签应当用汉字和英文双面打印，英文一面对着外方。

（三）准备文具和必要的物品

会议的文具和物品种类很多，常用的有签到簿（表）、签到笔、曲别针、大头针、铅笔（红蓝铅笔）、橡皮、记录本（纸）、文件袋（可用牛皮纸档案袋代替）、直尺、三角尺、尼龙绳、墨水等，需要题字时，还应当准备墨汁、毛笔、砚台、笔架、毡垫等用品。

准备会议文具，要事先列一份清单，标明名称和数量，责成专人购买和保管。会议文具应本着节俭的原则，能够继续使用的，会后收回，以减少开支。

第九个问题：安排会议值班

会议进行中，会务工作机构还有许多承上启下、联系左右、沟通协调、接待来访等事务性工作。因此，安排好会议值班是不可缺少的。值班室一般设在会务组，配备 2～3 名值班人员，实行 24 小时不间断值班。

（一）会议值班的主要任务

1. 根据会议领导的指示和要求，将会议的临时事项及时传达给与会人员和相关工作人员。

2. 了解和掌握会议进展情况，听取与会人员的意见和建议，收集各小组会务工作状况、进度等相关信息，并及时向会议领导报告。

3. 协调各筹备小组的工作关系，协助处理会议进行中临时出现的会务工作问题。准备和管理会议所需的各类物品。

4. 接听值班电话，重要事项填写通话记录，并及时向有关领导请示汇报。

5. 接待前来询问有关事宜的与会人员，为与会人员解答会议组织和生活服务等方面的问题。

6. 配合有关部门，应急处置会议期间临时发生的突发情况。

7. 负责其他与会议有关人员的接待工作。

8. 与信访部门配合，协助做好会议期间的信访工作。

9. 完成领导交办的其他事项。

（二）会议值班的工作要求

会议值班是一项综合性很强的工作，值班人员应当掌握和了解会议的全面情况，并具有较强的组织协调能力和处理事务的能力。

1. 全面掌握会议的进展情况，向有关领导汇报情况要简明扼要、准确及时。

2. 传达领导的指示，完成领导交办的任务要行动迅速、雷厉风行、不推不拖。

3. 听取与会人员的意见建议要虚心诚恳，解答与会人员提出的问题要耐心细致。

4. 了解与会人员在会议期间的生活、工作情况，发现问题要及时与会议所在宾馆（饭店）有关部门协调解决。

5. 处理会议期间出现的各类问题要沉着冷静，遇有重要事项要及时向领导请示汇报，不自作主张。

6. 有事请假，不擅自离岗，确实需要暂时离开值班岗位时，应请他人替班。

第六章

6 会场布置与服务

会场，顾名思义就是开会的场地、场所。会议有在室内开的，也有在室外开的。因此，会场就有了室内会场与室外会场之分。群众性的大会可在室内开，也可在室外开。工作性会议、研讨性会议、代表性会议等多在室内开；而现场会、誓师会、动员会则往往选择在室外开。有的会场桌椅是固定的，有的会场需要临时摆放桌椅，有的会场甚至没有桌椅。无论是室内会场还是室外会场，也无论是固定会场还是临时会场，都需要根据会议的需要进行必要的布置，也都需要展开大量的服务性工作。因此，会场布置与服务是会务工作的重要内容。

为了让王磊能够全面了解会务工作，领导又把他从会务组调到了会场组协助工作。他的主要任务就是与同事周强一起布置会场。周强比王磊早参加工作几年，也参加过多次大型会议的会务工作，他告诉小王，会场布置和会场服务是保证会议如期召开的重要基础，许多工作要做实做细。接下来，周强给王磊讲了会场布置的方法和服务工作的一般要求。

第一个问题：会场及会场布置的一般要求

任何会议都要有会场，没有会场，会议就无法进行。会议的主题、会议的规模与规格，决定会场的功能和条件；而会场提供的功能与条件，又对会议的进程和效果产生直接的影响。条件好、功能全的会场，不仅能够营造和谐的会议环境，而且有利于会议顺利进行，增强会议的效果；反之，如果会场的功能不全，则可能影响会议的正常进行，给会议造成不可挽回的影响。

（一）影响会议的会场因素

影响会议的会场因素是多方面的，有的是会场固有的，属于客观条件；有的是人为的，可以通过主观努力而实现的。会场对会议的影响主要体现在以下几个方面。

1. 会场的容量

（1）会场容量的影响。会场是人员最为密集的地方，会场的容量限制会议的规模。如果参加会议的人员超过了会场的最大容量，则会场就会人满为患，造成拥挤和混乱的场面。严重时，导致会议难以正常进行。通常情况下，会场总面积应不小于会议总人数的 2 倍。例如，1000 人的会议，其会场应当不小于2000平方米。如果参加会议的人员远不及会场的常规容量（例如100人的会议安排在2000平方米的会议室召开），则会场就显得空空荡荡，容易分散与会人员的精力，难以营造会议氛围。这样的会场同样不适合开会。

（2）大小会议室数量的影响。一些大型会议（如代表性、工作性会议），往往需要大会和分组会议交替进行，不但对主会场的容量和格局等有着明确的要求，而且对小会议室的数量提出要求。如果小会议室的数量不及会议分组的数量，就无法按既定方案组织分组会议。反之，小会议室足够用，但大会议室的容量太小，这样的会场也同样不具备开会的条件。

2. 会场的条件

所谓会场的条件，就是在不改变会场主体结构和基本设施设备以及总体布局的前提下，为会议提供的所有服务能力的总和。会场条件包括会场的主体格调布局、内外部设备设施的运行和会场服务水平及服务质量等综合因素。会场的条件影响会议的效果。

（1）会场规格影响会议效果。会场的规格是会场条件的总体水平。一般情况下，宾馆（饭店）的星级越高，其会场的规格相对较高，为会议提供的服务能力也就越强。但是，会场的规格又与租金成正比。换句话说，会场的规格越高，会议的成本就会越大。因此，一般性会议的会场规格，应当以满足会议的基本要求为标准，不可以超标准、超规格使用会场，加大不必要的经费开支。

（2）会场环境影响会议效果。会场的环境是指包括室内光线、空气、温湿度、气味、噪音等因素对与会人员的影响程度。光线充足，使人振奋；空气洁净，使人清心；温度适宜，令人舒适；会场安静，使人精力集中。反之，则对会议造成负面影响，给会议组织者带来许多意想不到的麻烦。比如，会议进行中，会场外正在进行施工作业，产生的噪音比会议发言人的扩音效果还大，与会人员就很难听清楚发言人在讲什么。类似这样的干扰，必然使会议的效果大打折扣。

（3）会场设备影响会议效果。会场的设备也包括室内和室外两部分。室内设备包括照明、通风、空调、音响、桌椅等；室外设备包括停车场地、电梯、卫生间等。这些设备的功能与质量都对会议的效果产生影响。尤其是供电设备和音响设备，一旦在会议进行中发生断电和音响失音等故障，将对会议造成难以挽回的影响。

（4）会场服务影响会议效果。会场服务应当在会场组的指导下，由会场所在的宾馆（饭店）负责。无论是设备的使用、桌椅的摆放、室内的温度，还是为与会人员提供的人工服务，也都会影响会议的效果。比如，宾馆服务员在会间为与会人员补水时走步的声响过大、杯盖与杯体磕碰，或者不小心造成开水溢洒等，这些都会影响甚至干扰会议的正常进行。

（5）会场氛围影响会议效果。会议的气氛是会议进行中洋溢着的气息和情调。会议气氛是人为形成的，反过来，会议的气氛又对与会人员产生一定的心理影响。不同内容的会议，使与会人员对会议的接受程度和心理反应也不尽相同。有的会议让人轻松，有的会议使人紧张，有的会议令人兴奋，有的会议充满激情。而这些会议效果直接体现在会场布置的技巧上。因此，在布置会场时，应当注意会场的布局、格调、色彩等客观环境与会议的气氛相呼应，营造一个和谐的会场氛围。

由此可见，会场的布置和会场服务对于会议能否正常进行，能否取得预期的效果，有着十分重要的作用。

（二）会场布置的一般要求

1. 与会议的主题相一致

会议筹备的所有工作都是围绕会议的主题展开的，而会议主题对会场布置的主导性则显得更加突出。因为会场布置是否与会议的主题相一致，将直接影响到会议的质量和效果。有的会议是为了研究政策、作出决策；有的会议是为了动员和部署工作；还有的会议则是为了沟通交流情况。不同主题的会议对会场的布置有不同的需求。因此，在布置会场时，要突出会议的主题，把握不同会议的主题要求。

2. 与会议的类型相区别

有的会议要求隆重热烈，有的会议要求庄严肃穆，有的会议要求简洁明快，有的会议要求和谐融洽。例如，党代会、职代会的会场要布置得朴素庄重；表彰会、庆祝会的会场要布置得喜庆热烈；座谈会、研讨会的会场要布置得和谐融洽；工作会、专业会的会场要布置得简洁明快；纪念性会议的会场要布置得隆重典雅，等等。

3. 与会议的规模相匹配

会议有大有小，与会人数有多有少。人数众多的大型会议，在布置会场时，首先应当考虑的是会场是否与会议的规模相匹配。有的会场设在礼堂或大会议厅，会议的桌椅是固定的，通道的几何尺寸和座椅的数量是不变的，不用担心出入通道。但是，由于座椅的位置不能改变，更要考虑人数对会场布置的影响。人们在开会时，往往有着先到会场后面落坐的习惯。如果与会人员的总数不及会场的总体容量，当所有与会人员进入会场时，会场的前部就会出现相当多的空位，这样的会场就显得没有秩序，也缺少了民主和谐的气氛。为了避免此类情况的发生，就要把划定区域作为会场布置的重点，或者指定位置，或者空出会场后部，引导与会人员由前往后，相对集中就座。

在不设有固定座椅的会场召开大型会议，其会场的桌椅是由工作人员临时摆放的，可以根据会议需要，任意调整桌椅的位置和座位的数量。但应注意既不可过于疏松，更不宜过于拥挤。一般而言，会场座位排与排之间的纵向距离，应以相邻人员出入不相互影响为宜，最小尺寸不小于 1 m。如果会场的宽度尺寸比较大，摆放桌椅时，应当纵向设置两到三个区域，每个区域之间的通道应不小于 2 m。还有些群众性大会，由于会议的内容单一，程序也比较简单，与会人员以“听”为主，可不摆会议桌，但座椅的之间的距离和排与排之间的距离要适度，以使人出入方便为宜。如果会议的时间较长，还应当为与会人员准备瓶装的饮用水。

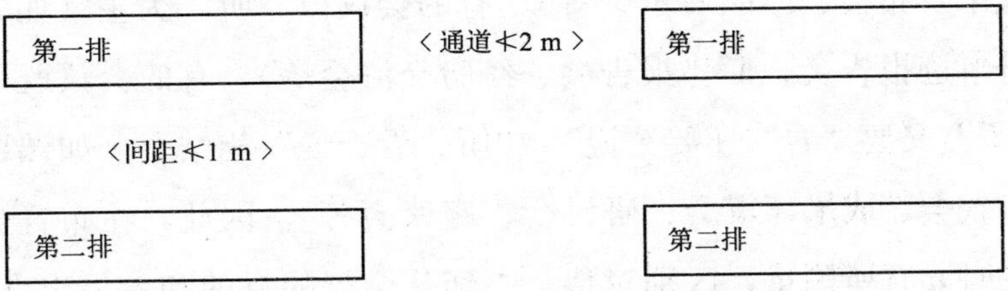

第一排　〈通道≮2 m〉　第一排

〈间距≮1 m〉

第二排　第二排

图 6-1　会场桌椅摆放间距示意图

4. 与会议的内容相吻合

会议的内容对会场布置有着明确的要求。如在代表性会议上，单位领导做工作报告已经成为一个相对固定的内容。报告席的摆放位置，以及话筒数量、摆放的位置等，就成了会场组应当提前准备的任务。此外，代表性会议还往往安排选举程序，布置会场时，就必须事先准备投票箱，并对投票箱进行检查，还要对投票的路径进行整体设计，以便在投票时保持良好的秩序。表彰性会议在布置会场时，需要明确颁奖人和领奖人，使颁奖人与领奖人相对应，奖励证书或奖杯、奖章等与颁奖人、领奖人相对应，并安排好授奖者与领奖人之间的距离。

还有一些会议的内容，要使用幻灯机、投影仪、多媒体播放器等专用设备进行演示。布置会场时，要专门为其选择并预留位置，既不遮挡与会人员的视线，又便于工作人员操作。所有设备应当提前进行调试，以免在播放中发生故障，影响会议效果。

5. 与会议的类型相协调

会场布置要与会议的类型相协调。不同的会议，对会场的功能有不同的要求。有的会议以“看”为主（如现场观摩会、成果发布会、产品展示会等），有的会议以“听”为主（如先进事迹报告会、形势报告会、经验交流会等），有的会议既要“听”又要“看”还要“说”，“听、看、说”相结合（如课题审查会、成果评审会、研讨会、座谈会等）。因此，在布置会场时要有所侧重，区别对待。一切从会议的目的和效果出发，按照不同类型会议的功能要求，调整会场布局，突出会议特点。

6. 与参会者的心理相适应

与会人员对会场布局的心理反应主要体现在自己的位置和会场的整体环境色彩与格调上。“我在哪儿”“我为什么坐在这儿?”这是参加会议的人走进会场时多数人的心理活动。因此，在安排会场座位时，应当考虑与会人员参加集体活动时的心理活动和情绪的变化。比如，办公会议、座谈会的坐席往往要面对面，这是因为面对面的交流容易激发人的思维反应能力，使每一位参加会议的人员对会议的议题展开积极的思考。又比如，在报告会、动员会上，与会人员面对主席台就座，会议的主持人、报告人和发言人容易产生中心感、神圣感，促使其高度重视、精心准备、谨慎发言。

会场的色调也会对与会人员的心理造成影响。有关政策性的研讨会，所讨论的问题重大而又复杂，会议时间比较长，与会人员的头脑需要一直处于比较紧张的思考状态，大脑很容易疲劳。把会场的整体环境布置得以冷色为基调，有助于减轻与会人员的疲劳，有助于与会人员研究资料、思考问题和发表意见。代表大会、表彰大会、庆功大会，以及带有慰问、祝贺性质的会议，会场布置的色调要鲜亮、醒目一些。以显示热烈、隆重、喜庆的气氛。因为这些颜色会给人以热烈、兴奋的感觉。当人们走进这样的会场时，马上就会感到心情振奋，很快便能将自己的情绪融入会议的气氛之中。

总之，为了保证会议的顺利进行和提高会议效果，在布置会场时，要力求总体协调。首先，会场的颜色要协调，如墙壁的颜色、桌布的颜色、幕布的颜色、会标的颜色等，要力求体现会议总体氛围要求。其次，会场内设置的物品要彼此协调，如会标、会徽与两侧红旗的摆放要协调，会议桌椅的大小尺寸要协调，会议桌上摆放的物品要与会议的内容相协调。如座谈会、茶话会等可适当摆放一些水果、茶水等，而其他会议的会场只摆放茶水或矿泉水就够了。再次，会场的音乐要与会议的主题相协调。选择播放的乐曲要贴切。会前音乐和会中休息时播放音乐要选择轻悠舒缓的乐曲，表彰、颁奖等则根据会议议程选择喜庆欢快的乐曲，烘托会议氛围。比如，与会人员步入会场播放节奏悠扬的轻音乐，使人感到心情愉悦，又比如，颁奖时播放“步步高”、“喜洋洋”等乐曲，使会场充满喜庆热烈的气氛。

第二个问题：不同格局和形式的会场布置

不同类型的会议，会场的格局不同。不同格局的会场，也需要不同规格的桌椅。除桌椅固定的礼堂、会议厅外，在室内召开的各类会议都要按照一定的格局和形式布置会场。

（一）会场形式布置

会场可以有多种形式，要根据会议的性质、规模、需要等来选择和安排。常见的会场，分为全围式、半围式和相对式等形式。全围式会场有圆形（椭圆形）、口（回）字形、多边形等；半围式会场有扇形、“U”字形等；相对式会场有礼堂式、教室式、会谈式等。

1. 全围式会场

（1）圆形（椭圆形）会场

在会场内放置一张圆形或椭圆形的桌子，或者用会议桌围成圆形或椭圆形，椅子围绕桌子摆放，所有与会人员围桌而坐，这种会场格局称为圆桌型会场。有人把在这种会场召开的会议称之为“圆桌会议”。圆形（椭圆形）会场格局，使所有参加会议的人员按照一定的规则，围坐在一起，就某一问题展开讨论和研究，使每个人都可以成为会议的重心，容易促使人们对会议主题进行积极思考，激发发表意见的欲望，有利于集思广益。同时，由于圆形会场不突出主持人的位置，每个人都能够平等地发表个人意见，有利于营造民主、和谐的会议氛围。

圆形（椭圆形）会场适用于小型的研讨会、座谈会。人数较多的会议，还可以在核心以外再增加一至两排，增加的部分，也要摆成圆形或椭圆形。有些国际会议常用圆桌方式布局。

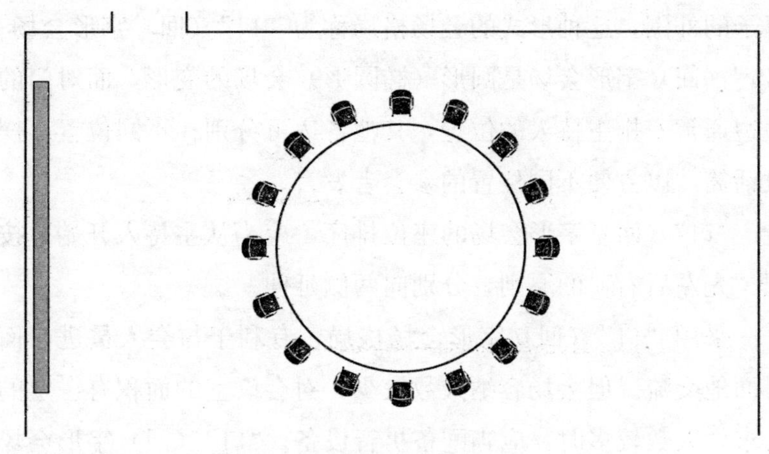

图 6-2 圆形会场格局示意图

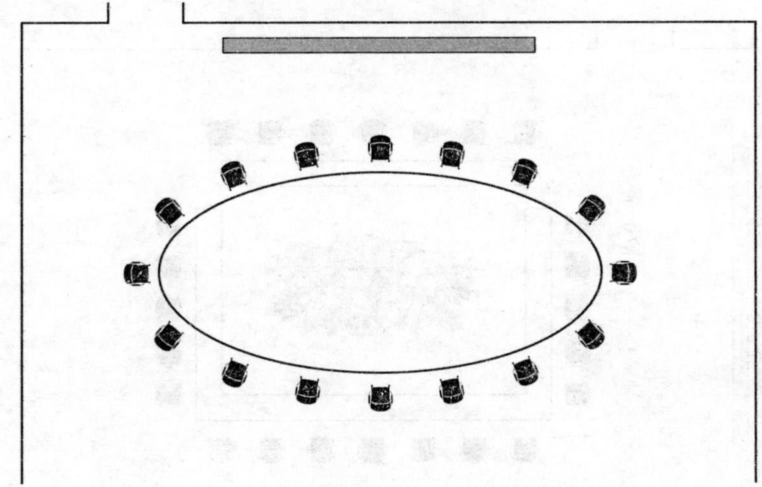

图 6-3 椭圆形会场格局示意图

（2）“口”（回）字形会场

用会议桌将会场摆成“口”字形或“回”字形，椅子摆在桌子的外围，这种形式的会场格局称为“口”（回）字形会场。“口”（回）字形会场是圆形（椭圆形）会场的变形，面对门的一边通常安排主持人的位置，其他各边可分别在不同位置上摆放话筒，以方便不同位置的参会者发言。

“口”（回）字形会场的座位排序，应当从主持人开始，按照“先左后右”的原则，分别向两侧延伸。

采用“口”（回）字形会场格局，有利于与会人员进行面对面地交流。但会场容纳人数较少，对会议室的面积有一定的要求，人数较多时，应当配备扩音设备。“口”（回）字形会场常用于学术研讨会、座谈会等。

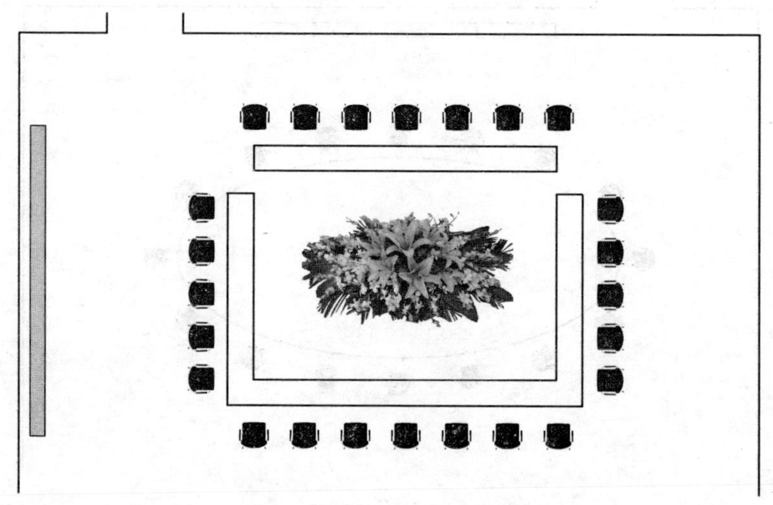

图 6-4 “口”（回）字形会场格局示意图

（3）多边形会场

用会议桌将会场摆成多边形（如三角形、五边形、六边形等），每个边的外围摆放座椅，并且座位相等。这种形式的会场格局称为多边形会场。多边形会场通常适用于不相隶属的多个单位就某一问题进行会谈，其主持人可由参加会谈的人员推荐，但主持人的位置不固定，如会谈次数不止一次，也可以轮流主持。

多边形会场，用长方形会议桌摆放，桌子之间形成不同的夹角，需要进行填充处理，桌子表面应当用桌布全覆盖，以保持会议格局的整体美观。有些国际性会议（会谈），应当配备同声翻译设备或预留翻译人员位置。

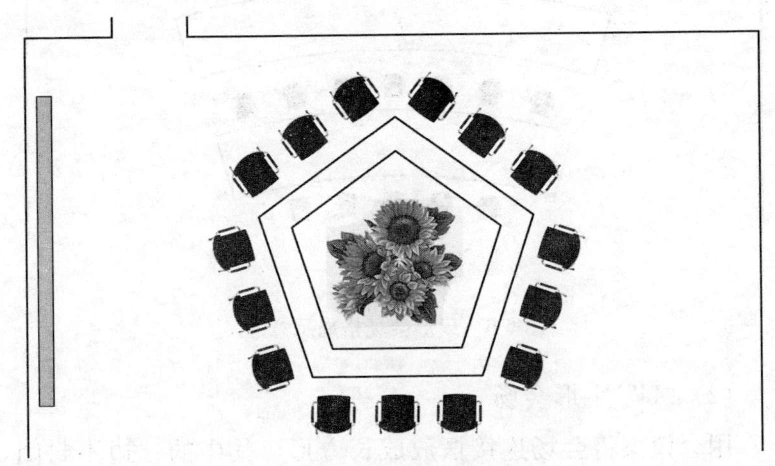

图 6-5　多边形会场格局示意图

2. 半围式会场

（1）扇形会场

用会议桌将会场按照扇形布置，形成半封闭的形状，中心位置设主持人席位，其他与会人员面对中心位置就座，每排的座位数从中心位置开始呈等差数列递增。这种形式的会场格局称为扇形会场。扇形会场通常适用于报告会或新闻发布会。

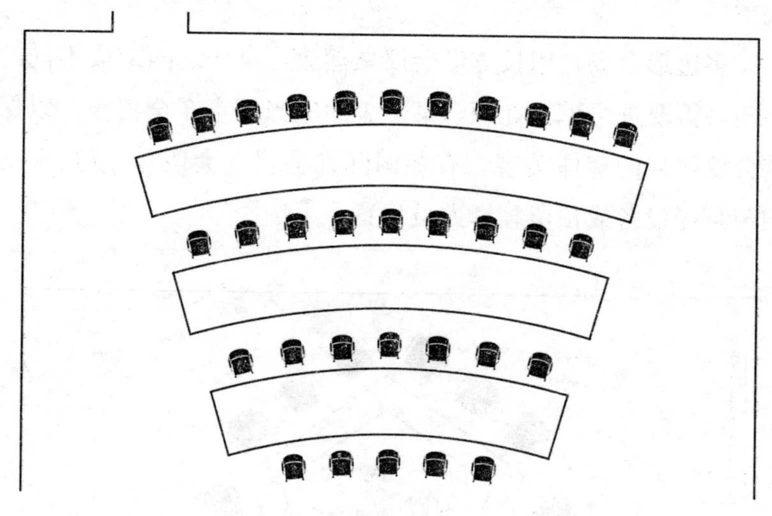

图 6-6　扇形会场格局示意图

（2）“U”字形会场

用会议桌将会场连接摆放成长方形，其中的一边不封闭，形成“匚”或“U”形，椅子摆在桌子外围，通常敞口处设置投影仪。这种形式的会场格局称为“U”字形或马蹄形会场。“U”字形会场易于营造轻松的氛围，可自由发言，适合于座谈、演示和研讨类会议。

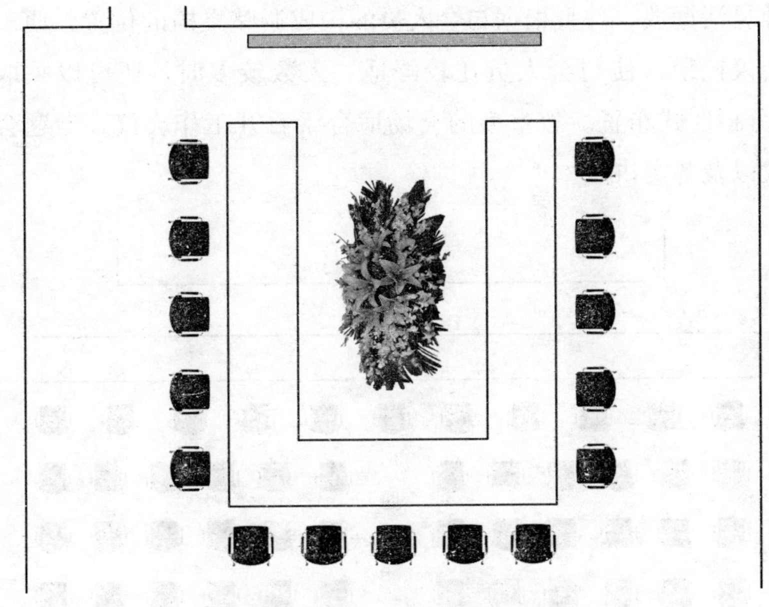

图 6-7　“U”字形会场格局示意图

3. 相对式会场

（1）礼堂式会场

礼堂式会场，也叫礼堂型或剧场式会场，是在会议厅内设置主席台，并面对主席台（讲台）摆放一排排座椅，中间留有通道。这种会场的特点是，会场的面积得到充分利用，但由于没有会议桌，参会者没有地方放资料，记笔记也不太方便，礼堂型会场比较适合“听”会，多用于动员性会议或报告会。

（2）教室式会场

教室式会场是将桌椅按教室的形式布置，根据会议桌的大小调整每个座位的空间。其特点是，桌椅可以按参加会议的人数灵活摆放，并且根据与会人员的构成调整桌椅的位置，便于会议记录，使与会人员比较舒适。人数较多时，还可以采取“分栏”式布置。教室型的会场适合于召开工作会议、专题会议以及各类讲座。

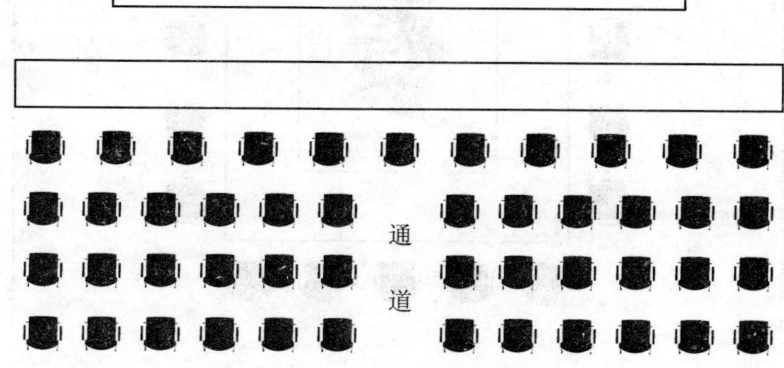

图 6-8 礼堂式会场格局示意图

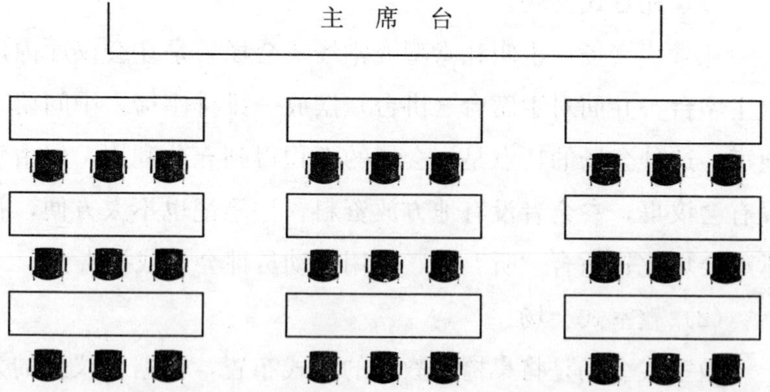

图 6-9 教室式会场格局示意图

（3）会谈式会场

会谈式会场是指参加会谈的双方分别于会议桌的两侧相对就座。这种台形，有利于营造平等、和谐的氛围，使会谈的双方易于交流。但要注意，面对门口的一侧或者是会议桌右侧，应请客方就座，主方背向门口或位于左侧。

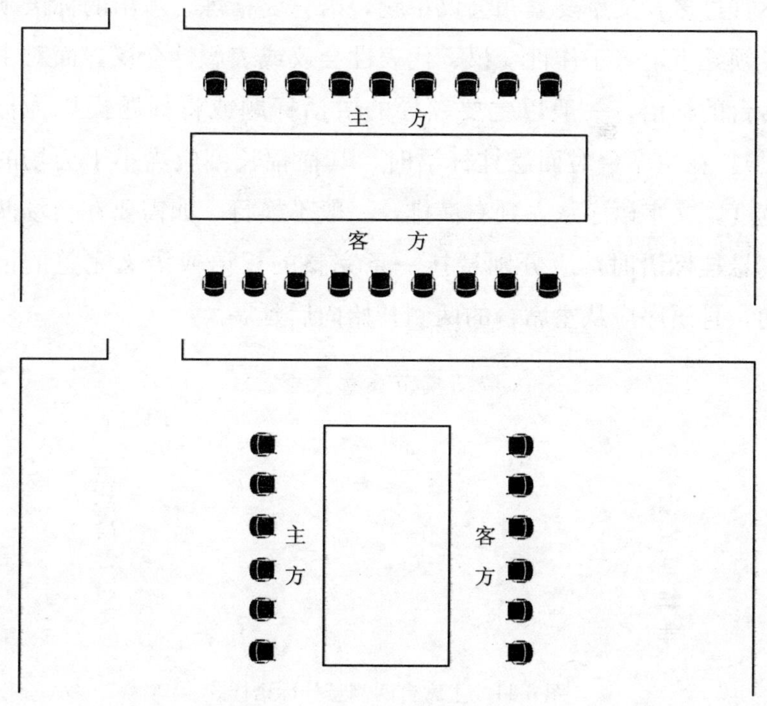

图 6-10　会谈式会场格局示意图

（二）会场环境布置

有时候，除会场和桌椅之外，还需要对会场内外环境进行布置。虽然这些布置是附属性的，但也在一定程度上影响着会议效果和会议质量。这些装饰性布置是用于体现会场气氛的，包括张贴悬挂标语、摆放体现会议主题的宣传板等。

1. 标语渲染

大型会议一般在会场内悬挂或张贴体现会议主题思想的标语。通常悬挂或张贴在主席台两侧或主席台对面。标语的数量不宜过多，文字要紧扣会议主题，语言要精炼。拟出的标语须经领导审定（工作性会议、代表性会议或表彰性会议，面对主席台的标语，一般以主要领导的讲话标题或将标题提炼为标语）。在主席台对面悬挂标语时，其横幅长度应当小于会场的宽度，文字语序从左到右横排，一般不换行。如需要在会场两侧悬挂标语时，应分别悬挂一条完整的标语或语义完整的词句，且语序应从主席台的两侧开始向后延展。

劳动模范表彰大会

弘扬劳模精神

岗位建功立业

图 6-11　主席台两侧悬挂标语样式

2. 图片展示

有些会议为了烘托会议气氛，造成宣传声势，增强会议效果，往往摆放一些宣传展板。如劳动模范表彰大会或英模事迹报告会，可以在会场的入口摆放一些反映劳动模范或英雄模范人物先进事迹的图片展板；优秀的成果发布会，可将优秀成果的有关图片进行展示，等等。摆放宣传展板应当根据会场的环境进行总体设计，注意整体效果。形式和数量都要适度，不能过多过滥，图片应当认真排选。

（三）会场设备调试

1. 音响调试

会场音响直接影响会议的效果。会务工作人员要认真对待，不可马虎大意。会议对音响和扩音设备的要求在于，满足会议的时间要求，不能中途出现故障；音量适中，以会场任何座位都能听清为标准，无噪音、杂音；还应具有录音放音功能。为了保证万无一失，重要会议应有备用设备。

会场的音响设备控制台，一般安装在主席台的一侧或在主席台对面。音响设备主要包括扩音器、话筒、调音台、功率放大器等。音响调试，应当由会场的提供方负责，会务工作人员可以提出要求并在开会之前进行全面检查。一是要检查音响设置是否合理。根据会议的议程，确定需要的话筒数量，一般会议主持人和主讲人可配有两组有线话筒，尽量避免使用容易失效的无线话筒。话筒布线也要整齐、规范，有条件的应走暗线。防止扯绊，造成音响失效。二是要检查音响功能是否齐全。会议前操作人员应当熟悉会议议程，对主席台各组话筒使用顺序、使用人、使用时间都要准确掌握。对音响线路、设备性能要充分调试，确保会议期间处于正常工作状态。重点检查话筒（包括无线话筒）的性能、音量（所有话筒都要逐一检查和调试)、音质等。如果会场设在室外，注意保护话筒不得受潮，防止话筒电源开关短路。对会议播放的乐曲也要逐一试播、试听，确保使用时不出任何差错。特别是国歌、国际歌等乐曲应当要求每一首乐曲单独刻录在专用光盘上，并标明乐曲名称，防止播放时出现错播。

除上述设备外，如会议需要使用投影仪、幻灯机、计算机等设备时，应当督促使用者提前进行调试，必要时，应当进行全过程演示，防止使用过程中出现故障。

2. 灯光与温度控制

会场应尽量采用自然光，但许多会场受客观条件限制，自然光不能满足与会人员的视觉要求，必须以灯光予以补充。由于灯具开启后产生热量，因此，要适当控制。尤其是主席台设置在剧场的舞台上，其灯光照度更强。但所有灯光打开，会使主席台上的温度快速升高。因此，在满足会议光线要求的前提下，应尽量控制或有选择地使用灯光。一般大中型会议，由于人员较多，还应当保证室内的空气流通，温湿度适中，会场温度一般应控制在25℃左右。

3. 录音、录像

录音、录像都是会议的记录方式，可以完整准确地记录会议的实际状况。录音用于会议讲话、报告的完整记录；录像则更能直观地反映会议概况，不仅可以作为传达和学习会议文件的重要参考，还可以作为反映会议效果、贯彻会议精神的宣传资料。

如果会议需要录音，应在会前对录音机的功能进行检查并试录，以保证录音效果。使用录音带录音时，应采取双套录音，以保证录音的完整。使用录音笔录音时，应当事先检查电池的电量是否充足，并调到待机状态。开始录音时，录音笔应尽量接近讲话者或送话器，以保证录音质量。

如果会议需要录像，应当从会议的整体效果和实际需要出发，请专业人员提出机位的数量，选择并确定机位，明确执机人员和具体任务。

会议的性质和任务不同，录像的着重点和录像制品的用途也不完全一样。工作性会议、代表性会议和座谈性会议，讲话、报告和发言是录像的重点，可以设置固定机位全程录制，其他机位用于记录会议进程、反映会议概况。表彰性会议，领导的讲话、出席会议的领导、受表彰的集体和个人是录像的重点；选举性会议，选举的过程和结果是录像的重点。这两种会议可以设置不同角度的移动机位，在内容上互为补充。室外的大型会议或大型活动，必要时还应当设置具有多角度录像功能的摇臂式录像设备，以反映会场的全貌。

设计会场录像方案时，应当兼顾会议的整体效果，尽量减少对会议的影响。

第三个问题：布置主席台

为体现庄重气氛和有利于会议主持者主持会议，一般大中型工作会议的会场都设有主席台。主席台是会场的核心，是与会人员注目的焦点，因此，主席台的布置是会场布置的重中之重，必须认真对待，防止出现差错。布置主席台主要有以下一些工作。

（一）制作并悬挂会标

会标，是写有会议名称的横幅。它是会议的主题和灵魂，也是会议的标志。一般大中型工作会议或例行的代表性会议、表彰性会议等都应当制作并悬挂会标。

1. 会标的样式

会标主要有横幅、电子显示屏和背景板三种样式。

（1）横幅式的会标。横幅式会标悬挂于主席台正上方，会标横幅的长度与主席台台口的长度相当（宾馆、饭店的礼堂或会议室都有悬挂会标的专用设备）。一般为红底白字，字体要端庄、醒目、大方（一般以宋体、宋体的变形体或黑体、黑体变形体居多），字体的尺寸以横幅的宽度确定（一般布幅宽为90 cm），上下留出适当的边距，由于人的视觉影响，会标的上边距较下边距要大一些，字间距应视会标的字数来确定，一般不应过密，也不可过于稀疏。会标用字有的是电脑在带有单面胶的白纸上刻制的，有的是直接在会标布上喷涂的。无论哪种方法，都应当事先将尺寸计算好，从中间往两边排。使会标的两端留出适当的空白，切不可全部撑满。横幅式会标的特点是简洁、朴素、大方，成本低并易于布置。其不足是制作和悬挂时横幅表面容易出现皱褶，影响会标的整体美。

（2）电子会标。电子会标是使用电子显示屏显示会标。这种会标是会场提供方在主席台上方制作安装的电子显示屏，并与电脑相联，只要把会议的名称按照一定的设置输入电脑，一幅会标就制作完成了。采用电子显示屏做会标最经济，也最方便，不足的是受到尺寸和点阵的限制，字数较多时，会标的整体效果不够理想。

（3）背景板会标。背景板会标是彩色喷涂技术在会场布置中的应用。通常是将背景板置于主席台天幕的前面，整体尺寸与天幕尺寸基本相当。这种会标的特点是信息量大，除标明会议的全称之外，还可以显示会议的主办方、承办方，以及时间、地点等。国际性会议还可以用中英文对照书写。背景板会标具有大气、庄重、热烈、突出，主题感强等特点，但制作环节比较复杂，需要请专门的广告公司制作，周期较长且成本高。单位内部的工作会议，不建议使用背景板式会标。

2. 制作和悬挂会标的注意事项

首先，无论是横幅式会标还是背景板式会标，应当注意整体与字体匀称、协调，表面平整无皱褶。由于横幅式会标的字，往往是采用单面胶粘贴的，为避免粘贴不牢，字迹脱落，悬挂前，应用大头针将字的四角别上。

其次，会标在悬挂前，要责成专人对会标上的所有文字（特别是外文）逐一核对，避免出现错别字或多字少字。

再次，背景板式会标由于使用化学颜料喷涂，气味较大，务必提前制作，并在室外使气味散发后再行布置。

（二）主席台背景布置

1. 会徽

会徽是社会团体组织或集会的标志。有徽记的行业或团体开会时可以悬挂自己的徽记。如，党的代表性会议悬挂党徽；工会代表大会悬挂会徽；铁路系统开会悬挂路徽，等等。通常会徽悬挂在主席台天幕的中央位置，规格要与主席台上下左右的尺寸相适应。无论什么徽记，必须按有关标准制作，以保持徽记的严肃性。悬挂会徽时要注意会徽的中心线与主席台平面垂直，不可倾斜。背景板式会标由于天幕被遮挡了，会徽可以直接喷涂在背景板上，其位置可以根据背景板的文字量和总体布局适当调整。

2. 旗帜

有的会场，以会徽为中心，在两侧各摆放 5 面红旗。摆放红旗要注意三点：一是所有旗杆的长度要一致，不可有长有短；二是倾斜的角度要协调一致，两侧相互照应；三是旗面干净整洁，自然垂落，旗穗的位置一致。

（三）主席台桌椅设置

1. 会议桌

主席台上的会议桌，尤其是摆在第一排的，应当使用前挡板落地的专用桌，没有专用桌时，可以摆放普通长条桌，但桌面和对着观众的一面以及两侧面要用整洁的桌布罩盖（桌布的颜色多为墨绿色、米黄色或白色）。摆放桌子前，应根据就座的人数测算桌子张数和每一排的总长度（人均使用长度约为

60～70 cm）。主席台设置两排以上时，第一排桌子应当适当宽一些；为了便于人员出入，第二排应与第一排拉开适当的距离（一般不少于 1.5 m）。有条件时应当考虑排与排之间有一定的高度差（一般为 25～30 cm，但不小于 25 cm），以免前排遮挡后排。摆放会议桌要注意两点：一是桌子要摆放整齐，横平竖直；二是中央位置应尽量避开两张桌子的对接部分，如台口尺寸允许，可多摆一张，或摆放一张单人桌。

主席台设置两排以上时，会议桌可以采用通栏式设置，也可以采用分栏式设置，但采用分栏式设置时，第一排必须是通栏设置。

2. 座椅

主席台上的座椅应当选用扶手椅，相邻的座椅之间要留有适当间隔，以方便入座。主席台上设置两排以上，由于条件限制，排与排之间不能形成落差时，要注意前排座椅的靠背不能超出人坐下时的肩部，并错开一定的位置。

3. 讲台

党的代表会议、职工代表会议以及各种专题报告会等，通常在主席台上设置专用讲台。设置专用讲台的作用在于，突出报告人的地位、强调报告的重要、体现会议的隆重。讲台一般设在主席台的右侧，讲台上可根据需要设置若干个话筒。如果有多人使用讲台，由于每个人的身高不同，应当准备厚度为 10 cm 左右的脚垫。

一些涉外的重要会议，往往在讲台面对听众的一面，布置鲜花作为装饰。鲜花的品种、质量、颜色和数量，要与会议的主旨相协调，装饰要牢固。内部会议则不以鲜花装饰。

（四）主席台物品摆放

主席台桌椅摆好后，应当按会议需要，摆放必备的物品。主要如下。

1. 名签

名签，也叫座签，是印有就座人姓名的标签。摆放名签时，要对照预先编制的，经过领导审定的主席台排序方案，逐一摆放在座位的正前方。会场设在室外的，应当用透明胶带将名签固定，以防止被风吹倒、刮跑。

主席台上不设座椅，采用站位时，应当在主席台上标明位置号，其位置号与主席台上人员的姓名一一对应，并按照一定的规则，编制主席台站位图，主席台站位图应当事先分发给所有站在主席台上的人员，切不可为了图省事，直接将名签摆在地台上。

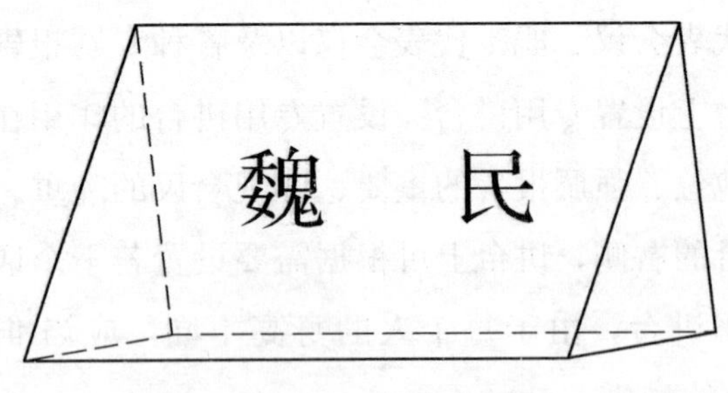

图 6-12　座签示意图

2. 话筒

话筒主要摆在讲话人的位置上。没有讲话的，可以不摆话筒。重要会议上的领导讲话或者是需要录音时，可按需要增加一至两只话筒。讲话人较多时，则应多摆放几组话筒，避免和减少将话筒来回搬动。话筒的摆放要根据讲话人的身高，选择最佳位置，角度适当，既不可遮挡讲话人的面部，又不能影响送话质量。

3. 水具和文具

一般大中型会议，主席台上应当准备茶水，茶杯摆在右侧，如果需要瓶装矿泉水时，应将口杯与矿泉水摆在一起。专用讲台上的茶杯，应当随着讲话人的交替而随时更换。

主席台上所用文具主要是铅笔（含红蓝铅笔）和记录纸，记录纸下面应有垫板（木质的或塑胶的），铅笔可直接摆在桌面上，但要摆放整齐。

4. 纸巾或小毛巾

纸巾或小毛巾是讲话人用来擦手或擦汗的。特别是小毛巾，在摆放前，应先用开水消毒，并将水分拧出，放在方形小瓷盘里，摆放在讲话人的左前方。注意小毛巾最好不使用香水等制剂，以免有人过敏。

第四个问题：布置分会场

（一）分会场的设置

分会场的设置，一般有以下四种情形。一是大型会议的主会场需要在异地设置第二会场，或一个主会场未能完全容纳所有与会人员时；二是会议决定，安排非与会人员集中听取会议的有关内容时；三是采用电视电话会议的形式，与会人员分别在本单位的专用会议室参加会议时；四是按照预先编排的分组方案，召开分组会议或对会议议题展开讨论时。

（二）分会场的布置

分会场的布置应当区别不同情形。当大型会议的主会场设置第二会场或主会场未能完全容纳所有与会人员时，分会场布置，应当比照主会场的规格进行，会议的所有程序与主会场同步；当会议决定安排非与会人员集中听取会议的有关内容时，则只需要通过音像传输设备，将主会场的会议实况传送到分会场；采用电视电话会议形式时，其分会场的音频、视频应当与主会场保持一致，且保证连接信号畅通。上述三种情形的分会场布置的重点，在于保证主会场与分会场之间的传输设备运转正常。按照分组人数，安排会议分组会议和讨论地点时，要考虑分组的人数和住处所在，不应过于分散。布置分组会议地点，要求室内光线充足，桌椅舒适。房间较大，人数较多时应有扩音设备，并备有茶水和必要的文具。

第五个问题：会场布置的检查

会场布置完成后，应组织相关人员进行一次全面检查。检查的重点是：

1. 会场是否按预定方案进行布置。

2. 会标字体是否正确，是否有错别字，张贴悬挂是否符合要求。

3. 主席台桌椅是否完好，桌面是否整洁。

4. 主席台座签姓名是否准确，摆放顺序是否正确。

5. 主席台话筒摆放位置是否与会议日程相吻合，话筒的音质、音量是否全面调试，音响师是否已掌握会议日程。

6. 主席台文具用品如纸张、铅笔等是否齐备。

7. 会场灯光照明是否完好。

8. 空调设备是否运转正常。

9. 会场电力是否满足所有荷载全部开启，是否有备用电源。

10. 会场是否需要放置手机信号干扰器。

11. 是否需要录音，录音设备运转是否正常，录音带及录音笔是否完好。

12. 会场视频程序是否经过预演，演练是否顺利，演练中发现的问题是否已经全部解决。

13. 会议所需的摄影、摄像设备是否到位，人员是否落实，附属用品是否完备。

14. 会场座签是否摆放到位；有无工作人员引导与会人员进入会场。

15. 防止发生意外事故的通道是否畅通。

16. 防火设施是否齐全等等。

如发现问题，应当立即采取措施解决；对于检查出的不确定因素，应当立即组织整改。

重要会议或有重要领导人出席的会议，除上述检查外，还应当由有关部门对会场进行全面的安全检查。在正式开会之前，应将会场临时封闭，必要时设专人值守。

第六个问题：编制主席台座序图

（一）编制主席台座序图的规则和方法

主席台座位按照“中央先于两侧、前排先于后排”的原则排序。其方法是将所有需要在主席台上就座的人员按一定的规则排列顺序（职务、级别或姓氏笔画），然后依“由中间到两侧、由前排到后排”的顺序排列。常见的有以下几种排序方法：

1. “左为上”排序

主席台座位只有一排，人数为单数时，以台上就座的最高领导人居中，然后按级别依“先左后右”的次序向两侧顺延（注意“左右”之分是指台上就座的领导人的左右，而不是台下就座与会人员的“左右”），这种排序方法称为“左为上”。

如果主席台上设有多排座位，按级别或姓氏笔画由前往后排序，其座位也按“左为上”的方法排列。

2. “右为上”排序

主席台座位只有一排，人数为双数时，可采用“右为上”的方法排序。这种方法适用于系统内两个单位领导级别相当时的顺序排列，或者不相隶属单位且级别相当领导的排序。如，主席台上有4位领导就座，则第一位领导位于中央左侧，第二位领导位于第一位的右侧；第三位位于第一位的左侧；第四位位于第二位的右侧。这种排列方法就叫“右为上”。

国际性会议的主席台排序一般采用“右为上”的方法，即，主办单位的最高领导居中，其他人按照国际礼宾次序先右后左向两侧排列。因为国际惯例是右为上。这与我国左为上的传统礼仪正好相反。

3.“单居中”排序

同一个单位（部门或系统）的多位领导在主席台上就座时，其人数不论单数还是双数，均以最高领导人居中，其他人员按“先左后右”的原则排序。双数时，最高领导人左右两侧的人数不对等，可适当拉开人数少的一侧座椅间距。

4.“双居中”排序

主席台座位只有一排，人数为双数，且其中两名主要领导级别相当，并且又不相隶属时，可采用“双居中”的方法排序。所谓“双居中”，是指两位主要领导并列在主席台中央就座，被邀请方在左，邀请方在右。其他人员仍然依“先左后右”的顺序排列。

5.“自然”排序

主席台上同时有多位相同级别的领导就座（无论单数或双数），其顺序可按所在单位的自然顺序排列或按姓氏笔画顺序排列。

所谓单位的自然排序是指约定俗成的排列顺序，如我国的直辖市和省（自治区）的排序，一般直辖市排在省（自治区）之前，省（自治区）也有相应的习惯排序，如“黑（龙江）”、“吉（林）”、“辽（宁）”等。

所谓按姓氏笔画排序，就是按照人的姓名的笔画排序。一般先按姓的笔画、后按名字的笔画排序。姓的笔画少的排前，笔画多的排后。

如“丁平”和“于水”两个名字的姓的笔画分别为二画和三画，因此，“丁”排在“于”的前面。

当姓的笔画相同时，则要按照汉字的书写规矩和“横、竖、撇、捺、折”五种基本笔画的先后顺序排列。如，“丁”和“卜”，都是两画，但“丁”是横起笔，“卜”是竖起笔，则“丁”排在“卜”的前面。

如果两个名字的姓相同，则比较名字的笔画。如，“于平”和“于水”，因为“平”字为五画，“水”字为四画，则“于水”应排在“于平”的前面。

当两人同姓时，则比较名字的字数，字数少的排前。如“于平”和“于一水”，“于平”是两个字，“于一水”是三个字，则“于平”排在前，“于一水”排在后。

当两人同姓，名字的字数相等时，比较第二个字的笔画，笔画少的排前。如，“于一水”和“于得水”，“于一水”排在“于得水”之前。

当两人同姓，名字字数相同，第二字笔画也相等时，比较第三个字。如“于一水”和“于一凡”“水”为四画，“凡”为三画，“于一凡”排在“于一水”之前。同姓又同名的，两人谁在前谁在后都可以，但要加后缀予以区别（可以单位为后缀，也可以地域为后缀）。如“于得水（山西）、于得水（山东）”。

6. 综合排序

涉及多单位、多部门的大型会议的主席台座位，可按上述不同方法综合排序。但应注意，有上级机关领导到会（级别高于本单位领导或与本单位领导级别相当）时，应当请上级机关领导在先，本单位领导按顺序分列于两侧；当上级机关出席会议人员的级别比本单位领导低时，则应安排在本单位主要领导之后，其他领导之前；当上级有多个层次的部门领导出席会议时，应当按机关约定俗成的顺序排列，而不按个人的级别排序。

7. “党政排序”

有的单位内部规定，以行政活动为主的排名顺序为：行政第一首长排列第一，党委第一首长排列第二；其他顺序为常务行政副职、党委副职、党委常委（委员）、其他行政副职。

以党内活动为主的排名顺序为：党委第一首长排列第一，行政第一首长排列第二；其他顺序为党委副职、党委常委（委员）、其他行政副职。有了这样的规定，在单位内部开会时不管是单数还是双数，均应按此规定排序。

8. 离退休人员的排序

主席台上既有现职领导又有离退休领导同时就座。其排列方法是，与现职领导级别相同的离退休领导排在现职领导之后。为便于安排领导同志出席大型会议在主席台上就座或参加重要公务活动，所在单位办公部门最好能在日常工作中将本单位的现职和离退休领导列出排序方案，用时就方便多了。

9. 多重人员排序

在主席台上就座的，既有政府或部门领导，又有本单位主要负责人（含离退休的原主要负责人），还有邀请的相关单位负责人同时在主席台上就座时，需要对所有人员进行综合分析，同级别的按政府在先、企业在后排序；同系统、同级别的按隶属关系的自然顺序排序；不同级别的高级别在先、低级别在后；不相隶属单位负责人，被邀请方在先、邀请方在后。

10. 辅助人员排序

有些会议（如新闻发布会、报告会）需要安排翻译在主席台上就座时，一般情况下，翻译应当位于主讲人相邻的左侧。

还有一些情况更加复杂，其座位排序需要对主席台上就座的人员构成进行分析、比较，综合运用上述方法编排。

如果主席台上不设桌椅，采用站位时，其排序方法与座位的排序方法相同。

主席台座序的排列方案，须经会议主管领导审定。人数较多时，应将坐席位置打印成座位表，在会前分送各位在主席台上就座的人员。

（1）主席台设置一排，人数为单数时（“左为上”）的排序：

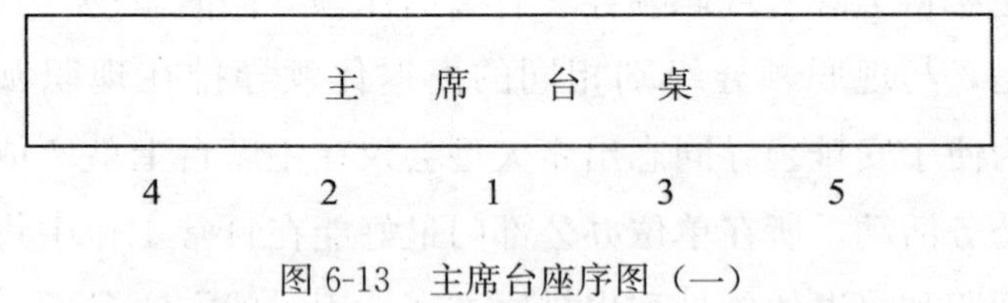

图 6-13　主席台座序图（一）

（2）主席台设置一排，人数为双数时（“右为上”）的排序：

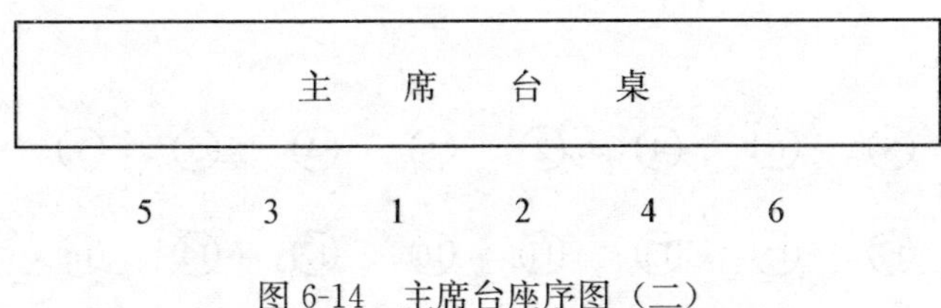

图 6-14　主席台座序图（二）

（3）主席台设置两排及以上时排序：

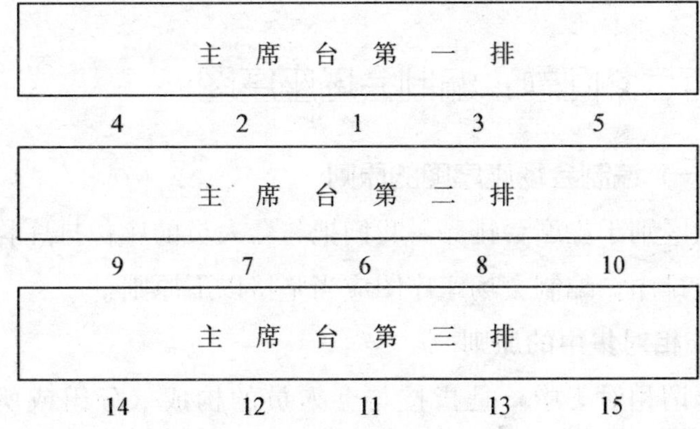

图 6-15　主席台座序图（三）

（4）主席台两排以上采用分栏设置时的排序：

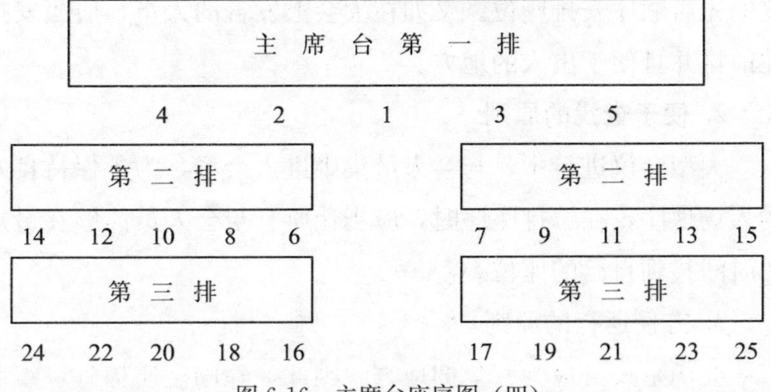

图 6-16　主席台座序图（四）

↑

⑧ ⑥ ④ ② ① ③ ⑤ ⑦ ⑨

⑰ ⑮ ⑬ ⑪ ⑩ ⑫ ⑭ ⑯ ⑱

图 6-17 主席台站位示意图

注：箭头指示的方向为面对主席台下的方向。

第七个问题：编制会场座序图

（一）编制会场座序图的原则

为区别于主席台排序，我们把与会人员的座位排序称为会场座位排序。编制会场座序图应当坚持以下原则：

1. 相对集中的原则

所谓相对集中，是指按与会人员的构成（分组或所在系统）和会议中的任务，集中安排在同一个区域内。如表彰大会，为便于颁奖和领奖，应当尽量把准备领奖的人员，按照领奖的先后顺序安排座位。又如在大会上发言的人员，应当安排在前排并且便于出入的地方。

2. 便于查找的原则

大型会议进行中，与会人员集中进入会场，为了保持良好的入场秩序，在编排座序时，应当让所有与会人员能够在最短的时间找到自己的座位。

3. 方便通行的原则

会场是人员最为密集的地方。因此，除固定座椅外，编制会场座序图时，应当留有充分的公共通道，以方便通行。

（二）编制会场座位排序图的方法

会场座位排序的方法有以下几种。

1. 横排法

按照与会人员的构成，由前往后一排一排地依次排列。代表性会议，正式代表排列在前，候补代表和列席代表排列在后。表彰性会议，被表彰的代表排列在前，其他代表排列在后。

图 6-18　横排法示意图

2. 竖排法

按照与会人员所在系统或按会议分组，自左至右依次纵向排列。各系统或各组所占的纵向宽度可以为一排，也可以为多排，应根据会场的具体情况而定。

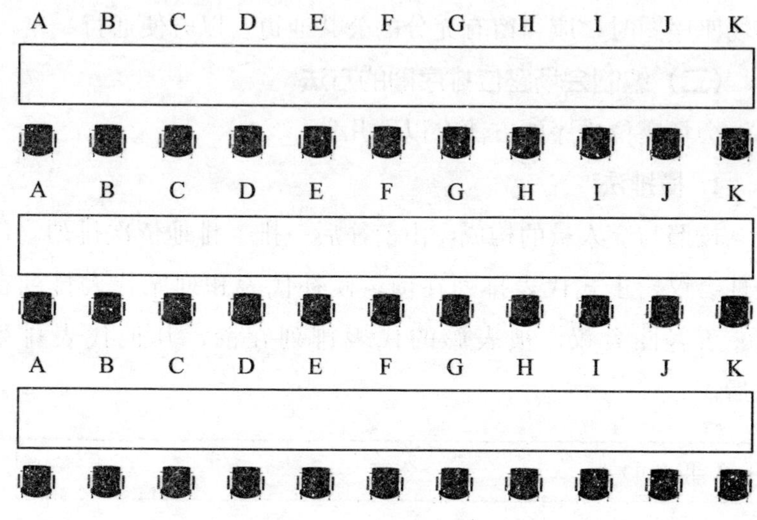

图 6-19　竖排法示意图

3. 分区排列法

将会场分成若干区域，以 A、B、C、D、E 等标明。按照与会人员在会议上的任务分配区域。

此种方法，多适用于表彰大会和群众大会。

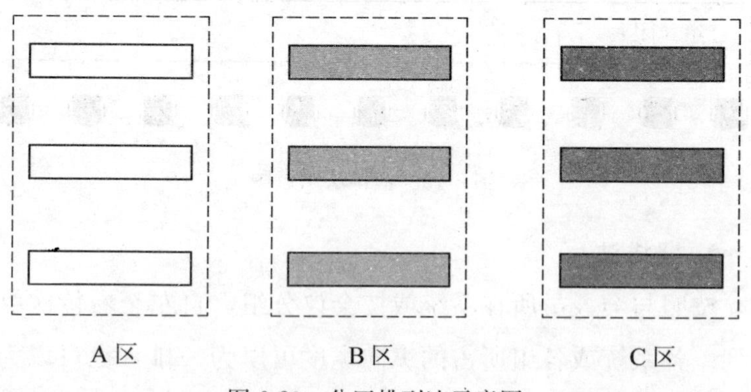

图 6-20　分区排列法示意图

4. 左右排列法

把每个参会单位的坐席按“列”排序，由中间往两侧按自然顺序依次排列。

除上述排序方法外，还要注意有些需要专门安排席位的人员，包括列席会议的人员、采访会议的记者、场内的工作人员等，也应当有固定的座位，一般情况下分别设置专用区域，如记者席、工作人员席等。

会场排序是一项要求非常仔细的工作。由于（除礼堂的固定座位外）会场的桌椅是非固定的，因此要求会场排序必须与座序图一一对应，并且应当在醒目的位置标明排号，以便于查找。会场座序图草案排出后，要责成专人进行校对，防止出现重排或漏排的现象。经确认无误并报有关领导审阅后，制成座序图发给每位与会人员。

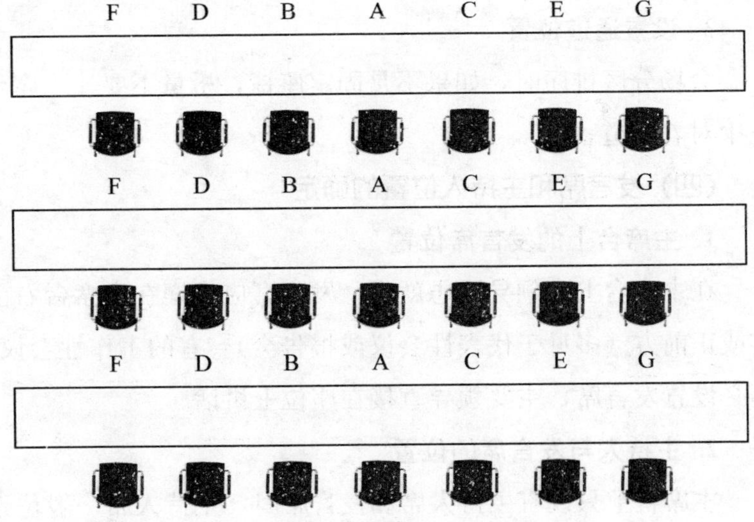

图 6-21　左右排列法示意图

会议座位排序方法，不是一成不变的。在具体工作中，还要看当时当地的情况灵活掌握，不必拘泥于此。有些场合，领导对座位排序有明确的意见，应当按领导的意见办；与会人员对座位有特殊要求时，也应当予以适当照顾。

（三）编制会场座序图的注意事项

编制会场座序图，要注意一些看似不大的问题，才能保证座序图编制的质量。

1. 不漏排

与会人员较多时，应当在编排时，边编排边登记边做记号，以免漏排。

2. 不错排

哪一种排列方法，都有一定的规则和顺序。编制座序图时，尽量不要打乱顺序，以免错排。

3. 设置通道位置

会场分区排序时，如果不是固定座椅，尽量不要让主席台正中对着通道。

（四）发言席和主持人位置的确定

1. 主席台上的发言席位置

在主席台上有领导同志就座，发言席应当摆在主席台右前方或正前方（多见于代表性会议或报告会）。有的工作性会议，不必设置发言席，主要领导直接在座位上讲话。

2. 主持人与发言席的位置

主席台上只设有主持人席和发言席时，主持人席一般位于发言席的左侧。座谈会、讨论会、茶话会等通常不设主席台，所有与会人员直接在座位上发言。需要使用多媒体演示或用PPT辅助发言时，其发言席和投影仪的位置应当以演示效果最佳为原则。但不应遮挡主持人的视线。

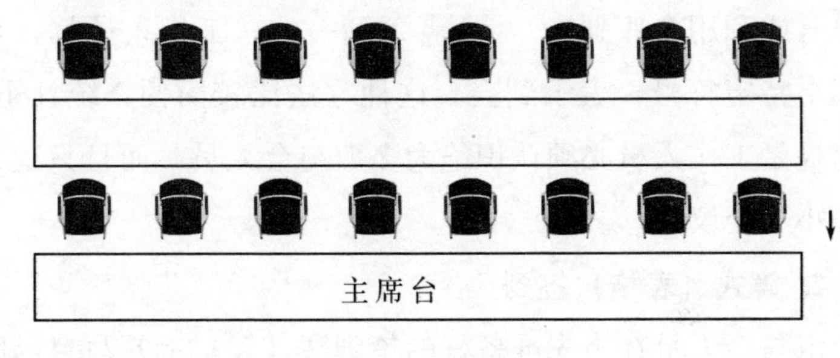

图 6-22 主席台上人员较多时的发言席

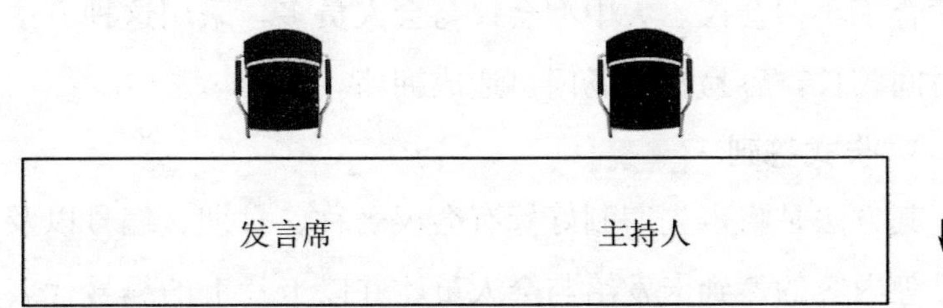

图 6-23 只有主持人与发言席时的位置

第八个问题：会场签到服务

会议签到是与会人员正式参加会议的行为过程。一方面是为了及时、准确地统计到会人数，便于安排会务工作，另一方面，也便于参会人员了解和掌握会议情况。

（一）常见的会议签到方法

1. 工作人员代为签到

这种方法是由工作人员事先准备好出席和列席会议的人员名单（或利用会序册），与会者每到一位，工作人员就在名单上划上特定符号，表示到会。这种方法比较简便，统计迅速，但前提是工作人员必须认识绝大多数与会人员，而且只适合于一般小型会议。

2. 簿式（表格）签到

由与会人员在事先准备好的签到簿（表）上签写自己的姓名，以示到会。有时还要写上与会人员的所在单位、职务和到会时间。这种方法的优点是具有一定的保存和查阅价值，但也只适合于小型会议。大中型会议与会人员多，采用这种方法签到时间较长，容易在会场门口造成拥堵。

3. 卡式签到

其方法是将事先印制好标有会议名称、日期、编号以及座次号等内容的签到卡发给与会人员，并以卡片上的编号代表其姓名，进入会场时，将签到卡交给会务工作人员，表示到会。这种方法的优点是便于清点人数，节省签到时间，适合于大型会议使用。但需要提前制作卡片并做好前期准备工作。

4. 电子扫描签到

在会场入口处设置电子扫描仪，当与会人员通过时扫描其佩戴的出席证特定编码或照片，作为进入会场的凭据。扫描仪自动将有关信息传到会务组，签到情况就能自动显示。利用扫描仪签到快速、准确、简便，但需要资金投入，适用于专门用于召开各类大中型会议的礼堂使用。

（二）签到服务的工作要求

组织会议签到，无论采取哪种方法，都应当做到“准确”、“迅速”。准确，是指签到结果必须以准确的数字形式体现，不允许出现“大约”、“左右”一类的模糊数字；迅速，是指会务工作人员应当在会议正式召开之前，迅速地把签到结果送交大会主持人，以便使其及时了解与会人员到会情况并根据签到结果宣布会议是否符合法定人数，进而决定会议是否能够如期召开。

表 6-1　×××会议签到表

序　号	单　位	姓　名	到会时间	联系电话	备　注

第九个问题：会场引导服务

为了能够使所有与会人员尽快进入会场并在指定位置就座，保持会场秩序井然，会务工作人员应该提供必要的引导服务。引导服务，在主观上给与会人员营造了受尊重、受照顾的良好感觉，客观上能够在较短的时间内把与会人员带到相应的座位上，把无关人员挡在会场之外，从而保证会议按时进行。

（一）主席台人员的引导

当在主席台上就座的人员陆续到达会场时，应当先安排到休息室休息，待所有人员全部到齐后，再请入座。代表性会议一般都设有主席团，主席团成员是由代表选举产生的，少则十几人，多则几十人，也应当在会议开始前集中入座，主席台上人数较多时，应当先请第二排及以后的人员先行入座，最后请主席台第一排人员入座。对于需要特殊照顾的人员，工作人员应当协助调整座椅。

（二）与会人员的引导

大中型会议由于人数较多，应当提前组织入场，一般以提前10～20分钟为宜。入场时，应当把所有入口全部打开，以方便与会人员进入会场。会场放有座签时，工作人员应协助查找，并引导其入座。会议结束后，工作人员也应当组织与会人员有组织、有秩序地退场。

会务工作人员在提供引导服务时，要熟悉掌握会场的布局、场内区域的划分，以及各种配套设施的情况。为与会人员引导座位时，应当做到主动热情、准确无误。当有行动不便者离开座位或出入会场时，应主动搀扶、重点照顾。

第十个问题：会场的文秘服务

（一）发放会议文件材料

有些会议的文件资料要在与会人员进入会场时发放。为了减少与会人员等候时间，应当在不同的入口同时组织发放。在会场发放会议文件资料时，要特别注意份数和文件资料的完整性，不可错发漏发。入场时发放的文件资料应为普发文件，会后不收回，不作登记。需要收回的文件应当采取记名方式，在会前做好登记，提前送到与会人员手中，并请签字确认，讲明会后收回等项要求。

（二）组织分组讨论

大型会议的分组讨论，是会议程序的重要环节，也是整个会议的重要组成部分。大会的许多工作要靠小会去完成，许多具体问题需要分组进行讨论研究。分组讨论一般由小组的召集人负责组织，会务工作人员（联络员）主要是协助召集人做好分组讨论的准备工作，通知与会人员按时参会，记录并反馈讨论情况，以及做好讨论期间的其他服务工作。组织分组讨论，一要注意围绕讨论的主题，集中与会者的思路；二要注意掌握好节奏，尽量调动与会者的讨论兴趣；三要注意倾听各方面意见，特别是不同意见，尽量让每个人都有发言的机会。

（三）做好会议记录

会议记录是对会议组织状况和会议内容以及会议发言的原始记录。会议记录经发言人或有关领导审阅签字、记录者签字，可用于查证事实或指导工作，也可以为日后分析研究会议的内容，进行会议总结提供依据。

会议记录可分为摘要记录和详细记录两种。摘要记录只记录发言人的发言要点和会议的主要议题，以及会议形成的决定、结论、决议等，常用于一般性会议。摘要记录一般采用汉字笔录的方法。详细记录就是有言必录，不仅要记下发言人的原意，还要记下发言人的原话。详细记录多用于重要会议。详细记录一般采用速记或现场录音的方法。

会议记录应当做到“一快、二全、三准、四清”。所谓“快”，是指记录的速度要快。对发言的内容反映迅速并尽快转换成记录文字。所谓“全”，是指记录的内容要完整、全面。特别是详细记录，要力求一字不漏。所谓“准”，是指记录的内容真实、准确，不掺杂记录者个人的任何主观意见。所谓“清”，是指记录内容的条理清楚，记录的字迹清晰。

做好会议记录还应当注意以下几点。一要使用标准统一的记录本。尤其是大型会议的分组讨论，要事先准备统一格式的记录本。每次会议记录之前，都要先记好会议的名称、时间、地点、出席人、列席人、缺席人（缺席原因）、讨论主持人、记录人、会议内容等项。二要及时地整理速记和用其他符号记录的内容，防止遗忘。三要注意选择好记录的位置，要坐在能够听清全会场所有人员发言的位置。四要提前准备好记录用笔。会议内容较多时，应有备用笔。五要及时综合归纳记录的要点，并向会议的有关领导汇报小组讨论情况，为会议总结提供材料。

（四）文具的准备

为会场准备的文具不必过多，但要实用。铅笔要事先削好，记录纸应选用稍厚一些的，或者应准备垫板。请领导出席会议并签名时，应备好签字本、签字笔（毛笔）、砚台等物品，领导签名或题字时，应协助做好辅助工作，但墨迹晾干后，再收好，留作纪念。

（五）联络与协调

会议进行中，难免会出现一些临时需要会议领导或与会人员亲自处理的紧急事务。工作人员应当做好联络和协调工作，协助领导和与会人员妥善处理。

第十一个问题：会议的保障服务

（一）会议的设备保障

会议进行中会场的设备必须保证正常运转。尤其是大会进行时，会务工作人员应当在会场内有专人负责音响、空调、灯光、卫生等设备设施的实时控制。遇有突发情况，要以最快的速度处置。

（二）会议的秩序保障

会场秩序良好，才能保证会议正常进行。在会议开始前，会务工作人员要组织好与会人员进入会场，并按指定位置就座。会议进行中，与会人员不得在会场中走动，因特殊情况，必须暂时出入会场时，工作人员应当引导其从会场的后部通道绕行。

（三）会议的安全保障

走进会场后，人们的安全感很强，因为在与会人员的潜意识中，对会议的组织产生了依赖性和信任感。越是这样，会务工作人员越不可麻痹大意。首先，要把住会场入口。会议开始前，务必认真查验会议证件，把与会议无关人员挡在会场之外。其次要特别加强会议中场休息时的巡视，会议时间较长，为了缓解与会人员疲劳状态，集中精力开好会，会议主持人往往会安排会中暂时休息。这个期间，人们频繁出入会场。会务工作人员必须严格执行验证制度，千万不可擅离岗位，以防止会议文件或与会人员个人物品遗失。再次，时刻做好处置突发事件的准备，保证会场各个出入口的通畅。遇有地震、火灾等突发事件时，能够保证与会人员的快速疏散。

（四）会议的饮水保障

大型会议，由于与会人员很多，会场要准备充足的饮用水。会议时间较长时，应当每间隔 20 分钟左右为与会人员续一次水。会场使用瓶装饮用水的应当放在与会人员方便取用的地方。重要会议的会场用水应当在会前进行水质抽样检查并责成专人监管。

第十二个问题：会场布置与服务的基本要求

（一）把握会议全局、制订工作流程

从与会人员入场到会议结束后与会人员全部退场，是一次大会的全过程。在这个过程中，负责会场布置与服务的会务工作人员应当对会议的主题、会议的内容和会议的进程，有一个全盘的把握。最好能够就会议的全过程，设计出一份会务工作流程，明确什么时间做什么，谁去做，达到什么标准，分送给具体工作的负责人，使会场服务工作，事事有人管，人人有事干，有条不紊，井然有序。

表 6-2　×××会议会场服务流程表

序号	工作内容	负责人	完成时间	备注
1	组织签到	张强、李荣	13：50	
2	引导入场	王红、赵亮	13：55	
3	发放文件资料	孙立新、王朋	13：55	
……	……	……	……	……
15	饮水服务	王丽、李娜		间隔 20 分钟
16	设备监控	李志	全过程	灯光、音量、温度
17	联络与协调	孙磊	全过程	
……	……	……	……	……
22	车辆安排	周全	会议结束时	

注：表中所列内容，仅为举例说明，具体工作内容，应当视会议的要求和现场情况而定。

（二）反映灵敏迅速、处置冷静果断

在会议进行中常常会遇到一些意想不到的事情。比如，邀请的嘉宾迟到或临时增加了人数；话筒出现故障，讲话音量过小；使用 PPT 演讲，电脑出现死机；使用视频演示，电源接线板出现故障等等。类似这些意外，会务工作人员应有充分的思想和物质准备，事先要估计到各种可能出现的变化，一旦出现意外情况，快速反应，果断地采取相应措施，以保障会议的顺利进行。

（三）热情周到服务、保持会场肃静

会场服务中，工作人员应当始终保持微笑，当与会人员提出某些要求时，要尽量予以满足。与会人员提出的问题，一时不便回答时，也要委婉地做好解释。会议进行中最忌讳的是，

会场上有人走动，手机突然响起，场内窃窃私语。会务工作人员要在为与会人员做好服务工作的同时，努力维护好会场的秩序，保持会场肃静。会场服务的过程应当是无声服务，用肢体语言交流，非要说话也要尽量压低声音，不得干扰其他人。服务人员为主席台或会场续水时，应尽量同时进入会场，脚步要轻，动作要轻，在手持茶杯时，不得使杯盖与杯体相碰。正确的做法是右手拿水壶，左手手心向上用无名指与小指配合将杯盖夹住，拇指、中指和食指端杯，续水时不宜过满，以免溢出。

听周强从会场布置一直讲到会场服务，让王磊受到了很大启发。把自己和老张一起承办的“创建服务型机关经验交流会”与这次参与总公司工作会议的筹备工作相比较，的确有一种全新的感受。原来，大型会议仅有会场布置和会场服务就有这么多工作要做，既有约定俗成的习惯做法，又有一定的礼仪常识和工作要求。正像老张以前说过的那样，会议规模越大，会务工作的任务越重，程序更复杂，也更讲究规范。

第七章

会议文件的准备

7

第一个问题：会议文件的种类

任何会议都会产生文字材料，这些文字材料统称为会议文件。会议文件体现会议的指导思想、主要任务和会议的目的意义，记录和反映会议成果，为会议精神的贯彻提供依据。

会议文件主要包括以下五种。

（一）会议指导性文件

包括会议需要贯彻落实的上级文件以及上级领导的有关指示、批示、信函等。

（二）会议的自生文件

包括主持词、开幕词、闭幕词、领导讲话、工作报告、会议交流材料、经验介绍材料、会议决议、会议总结讲话等。

（三）会议的派生文件

包括会议简报、会议纪要、会议提案、大会倡议书，以及代表性会议中选举办法等。

（四）会议的参考性文件

包括调查报告、国内外有关文献以及其他可以参考和借鉴的材料。

（五）会议辅助性文件

包括会议通知、会议报道、用于宣传会议精神的印刷品、会议的传达提纲，以及代表性会议候选人情况简介等。

会议文件的准备是一项辛苦的脑力劳动。一篇讲话稿往往需要经过多次修改，有的还要将初稿送给相关人员征求意见，甚至专门召开会议展开讨论，最后呈送领导审定。因此，会议文件的准备往往需要组成专门的写作班子，明确分工，协作完成。

第二个问题：起草讲话稿

大学中文专业毕业的陈晨，从事文字秘书工作已经十多年了。他对各类会议文件的起草轻车熟路，在多年文字工作的实践中积累了许多经验，总结出了会议文件起草的基本要领和写作技巧。

（一）理清领导讲话稿的起草思路

在陈晨看来，领导讲话稿是会议的核心材料。通过领导讲话强调会议的目的，完成会议的任务，标志会议的成果。大凡领导讲话都是针对会议的主题而展开的。工作性会议着重在总结和部署工作；表彰性会议重点在对先进典型的肯定和鼓励，弘扬先进精神，推动和促进工作；研讨性会议则是对所研讨的问题展开理性的分析，提出解决问题的思路和措施，起到引领和指导的作用；动员性会议则是强调某一项工作的重要意义，鼓舞士气，凝聚力量。由此可见，起草领导的讲话稿应当具有很强的针对性，其意义并不在于领导者本身，而在于讲话的实质。因此，在起草领导讲话稿之前，首先要理清讲话稿的基本思路，明确领导为什么要讲话，然后再思考具体讲什么、应当怎么讲。

（二）讲话稿的写作技巧

陈晨说，一篇好的讲话稿，其标志在于“站得高、想得远、议得透、说得清、听得明”。所谓“站得高”，就是要站在全局的高度，站在领导者的角度，深谋远虑地系统思考，旗帜鲜明地表明观点，高屋建瓴地提出意见，赋予讲话以深刻的思想内涵；“想得远”是说讲话要具有很强的前瞻性，避免就事论事，要从具体到一般，从表面到本质，从当前到未来，展开理性的分析，作出科学的判断，既不是远不可及，又能指出努力的方向；“议得透”是强调领导讲话的逻辑思维缜密，一环扣一环，步步深入，思路清晰，令人信服；“说得清”是指表达意思完整，不说半句话，实事求是，不绕弯子；“听得明”是指语言通俗生动、平易近人，不打官腔、不说套话，易于理解贯彻。这样的讲话才能对与会人员产生深刻的影响，从而达到会议的目的，实现预期的效果。

起草领导讲话是一项很辛苦的工作。善于运用一些写作技巧，往往能够收到事半功倍的效果。

1. 提纲是写作的基础

起草一篇高质量的讲话稿，并非易事。有的人常常不知从哪儿下笔。这是什么原因呢？陈晨觉得，在动笔之前一定要静下心来，理清总体思路，最好先拟定一个提纲。提纲列好之后，先征求领导本人的意见，再按领导的要求进行补充和修改，使提纲能够比较准确地体现领导的思路。

在陈晨看来，即使在日常工作中，对领导的工作思路和风格比较熟悉，对基层的情况也比较了解，而且又经常执笔起草领导讲话稿，也仍然需要先搭好文稿的架子，列好提纲。因为每篇讲话都有不同的主题和内容要求，都需要重新进行系统思考。提纲是写作的基础。当提纲的思路顺畅了，并且得到了领导的认可之后再动笔，讲话稿似乎已经完成一半了。

2. 积累是成功的捷径

为什么有的人能够下笔如行云流水，而有的人却望文兴叹呢？在陈晨看来，关键问题在于脑子里有没有要写的东西。特别是在起草领导讲话的时候，更要在素材积累上狠下工夫。而这些素材不是一朝一夕就能积累起来的。这就要求我们在平日里多听、多看、多问，了解和领会上级的文件精神，了解和熟悉基层的工作情况，不断丰富自己的阅历，掌握更多的第一手材料。起草领导讲话，一方面要深刻领会会议的主题、明确会议的主要任务和会议所要达到的目的，另一方面要围绕提纲大量地集合素材。这些素材，有的是平日积累的，有的也要搞一点“拿来主义”，尤其是一些数字性材料，由有关部门提供是必要的。但不可以全靠“拿来主义”，绝大多数的素材还要靠自己去积累。

3. 久熟不如常练

其实写文章并不难，难就难在写得少。陈晨形象地比喻，写文章就是在用笔说话。把要说的话用笔写出来，就是一篇文章。把这样的文章再经过缜密的思考、素材的提炼、文字的修饰、语句的修辞等一系列的加工、修改，一篇好文章便可跃然纸上。俗话说，“久熟不如常练”，写文章也是这样，多写多练，成功就在眼前。

（三）起草讲话稿应当注意的问题

讲话稿是讲给人们听的文字材料。因此，在起草时应当注意“五个要”。

1. 主题要鲜明

讲话的目的是什么，要解决什么问题，怎样解决，这就是讲话的主题。因此，写讲话稿一定要把握住主题。讲话稿的通篇要有一条主线，这就是通常所说的中心思想。无论是总结过去，还是工作部署，都要围绕这个中心思想构思和搜集材料。

2. 逻辑要严谨

句子与句子之间的因果关系、转折关系、递进关系、假设关系、条件关系等，分析表述时要合乎情理，让人听了觉得是那么个道理。讲话文理清楚、合乎逻辑，就能够使听讲话的人与讲话者产生共鸣，赢得听众的认可。

3. 语言要生动

接地气，用通俗的语言讲实在的话，要语言通顺、词句通达、言之有物、一清二楚，让人听起来声声入耳、印象深刻。起草讲话稿，最忌讳使用那些让人难以理解的生字生词和不常用的省略语。

4. 文字要简练

讲话稿要开门见山，平铺直叙，有话则长、无话则短，不能是云里雾里，不着边际。先说什么，后说什么，条理要清楚；分清层次，环环相扣，一气贯通，开头、中间、结尾相互照应。讲话稿写得好不好不在篇幅长短，而在于能不能说到听者心里。

5. 要不怕修改

任何一个秘书，无论经验多么丰富、才思多么敏捷，在起草讲话稿时，总会难免有思虑不周、疏漏失误之处。要经得住反复推敲，字斟句酌地多次修改。有的人就怕改稿子，一旦草稿形成，很不情愿修改，这是不对的。心态要调整好，不怕大家提意见。文稿的修改，就好像是打铁，经得住千锤百炼，越改越精炼，越改越成熟。

第三个问题：起草工作报告

（一）工作报告的一般结构

工作报告其实就是报告工作。一般是对一个阶段的工作进行总结和对下一个阶段的工作作出部署的文字材料。工作报告在时间上有以年度为单位的，有以届次为单位的，也有无固定期限，而是就某个活动或某项具体工作完成之后形成的。在形式上有单位领导作的工作报告，也有下级单位向上级呈送的情况报告。

就领导在会议上所作的报告而言，在写法上往往采取分段表述的方法。总结部分多以数字进行前后比较，肯定前一阶段的成绩或取得的成果；通过客观总结得出结论性经验，为下一阶段的工作提供借鉴。部署下一阶段工作时，常常要先对所面临的形势进行分析判断，进而提出对策和要求。工作部署部分一般以条目的形式来表述，便于与会人员把握要点。

（二）起草工作报告的总体要求

工作报告最根本的要求就是突出一个“实”字。总结部分反映的是实际情况，落实上级的部署是扎实推进、不折不扣的，关心群众、关注民生是实心实意的，报告的数据是真实可信的，取得的成绩是实实在在的。分析形势，指出不足和面临的困难是符合实际的。对所面临的形势要进行科学的分析，把有利条件和不利因素交待清楚，提出对策和采取的措施要符合实际，并有厚重的群众基础，给人以充实的信心和坚实的力量。起草工作报告最忌讳的是套话成串、空话连篇。通常起草报告前，先要组织开展调查研究，听取各个方面的意见，其目的就是要使报告更能够突出这个“实”字。

（三）工作报告的写作技巧

1. 语言要朴实

起草工作报告，不是写散文，不是写小说，更不能诗情画意地渲染。直白且实事求是地表述比任何修饰都更有说服力。

2. 数据要真实

报告中使用的任何数据都应当有出处，不是“大概”，也不是“估计”，而是要经过认真的测算。相互间有关联的数字，更要经得起推敲。

3. 素材要翔实

起草工作报告要从大处着眼，小处着手，以大揽小，以小衬大。凡是对报告的起草有帮助的情况，都要有所了解，并且力求充分翔实，以便在起草的过程中，能够言之有物。

4. 功夫要扎实

一般工作报告的篇幅比较长，往往由于时间的关系，由几个人共同起草，最后由一个人将几部分合成。这就要求所有参与起草的人的思路是基本一致的，文字的表达能力是基本相当的，虽然各有侧重，但报告的通篇始终贯穿着一根主线，结构和布局是相互联系、前后照应的。要做到这一点，关键是每个人要对提纲全面理解和具有扎实的写作基础。

第四个问题：起草会议主持词

（一）会议主持词的特点

主持词是主持人根据会议议程或程序主持会议的书面材料。其特点是，结构简单、文字简练、层次分明。

结构简单，是说一般包括三个组成部分。一是说明会议的主要任务或主要内容，对与会人员提出要求并宣布开会；二是根据会议拟定的议程或程序，组织会议进行；三是对会议成果简要概括，宣布会议结束。

文字简练，是指主持词不需要说理论证，也不需要分析判断，只是简单叙述会议的有关事项，介绍会议的程序安排，组织会议的有序进行。

层次分明，是指主持词严格按预定程序展开，先做什么，后做什么是预先安排的，没有特殊情况不做临时调整。会议程序不可随意调换，会议内容不可任意增减。

代表性会议的主持词，由于有关法律法规对代表人数有明确的规定，主持人在主持会议时，应当首先报告到会人数，包括应到人数、因病因事请假的人数、实到人数并说明是否符合法定人数，能否开会。

（二）会议主持词的写作要点

1. 主持词的内容

主持词一般包括以下一些内容。

（1）宣布会议开始。

（2）介绍会议的主要内容或主要任务。

（3）介绍出席会议的人员（有特别邀请出席的来宾时，应当先介绍来宾）。

（4）说明会议的开法。

（5）依据议程（日程）组织会议进行。

（6）宣布会议结束。

2. 主持词的一般写法

起草主持词要简单明了，切忌冗长，喧宾夺主。介绍来宾时，除主要领导同志要单独介绍外，其他可以几个单位并列在一起，只介绍单位即可。依据会议日程组织会议进行时，应当把主持词与会议进行的内容以“空格”隔开，或用不同的字体字号相区别，以免在主持时读错。还要注意某项会议程序的完整性。如，会议开始时，主持人宣布“请全体起立，奏国歌”，在国歌演奏完后，主持人应当说“请坐”，这才是一个程序的完整结束。

在完成会议的预定程序之后，会议主持人可以对会议的成果进行简要概括，如“经过大家共同努力，会议完成了全部预定任务，取得了圆满成功”，“大会已经完成了全部议程，现在散会”，等等。议程比较单一的小型会议，主持人也可以在最后说“今天的会议就开到这里”，宣布会议结束。有的大型会议，一次会议只是完成了阶段性任务，主持人在会议结束时则宣布“本次会议的议程全部完成，现在休会”。

第五个问题：起草会议开幕词

开幕词，顾名思义就是大会开幕时的致词，也可以理解为领导在大会开幕时的讲话稿。一般全国性的大型会议、社会团体的换届大会、体育运动会、群众文化艺术节等，往往请领导致开幕词。

（一）开幕词的基本结构和主要内容

开幕词的结构比较简单，全篇只由标题（时间、致词人）、前言、正文、结束语等部分组成。

1. 标题

标题部分有三种结构方式：

一是由“事由－文种－时间－致词人”构成，如：

××全国代表大会开幕词

（××××年××月××日）

×××

二是由“致词人—事由—文种—时间”构成，如：

×××同志在××全国代表大会上的开幕词

（××××年××月××日）

三是复式结构，根据会议主题思想和主要任务，提炼出标题作为主标题，另起一行加副标题，副标题由“致词人（可加注单位和职务）－事由－文种－时间”构成，如：

万众一心，团结奋斗，为实现××目标而奋斗

——××（单位）××（职务）×××（姓名）在××大会上的开幕词

（××××年××月××日）

2. 前言

前言部分由两部分组成，一是称谓（如“各位代表、朋友们、同志们”或“各位来宾、各位代表、同志们”），二是敬语（如“首先，我代表×××对各位来宾表示诚挚的欢迎，对××大会的召开表示热烈的祝贺”）。

前言部分也可以简单介绍会议的规模、与会人员的身份等（如“参加今天大会的有×××等各方面来宾，以及来自各条战线的代表××人”）。

3. 正文

正文部分由三部分构成：一是阐明会议召开的背景、意义、目的；二是阐明大会的指导思想和主要任务，介绍大会的主要议程；三是对与会人员提出要求。

4. 结束语

结束语主要是对开好大会的寄语和希望，并宣布大会开幕。

（二）起草开幕词的写作要求

起草开幕词，要注意以下几点。

1. 把握全面

熟悉大会召开的背景，全面领会大会的宗旨、性质、目的、任务、议程、要求，以及与会人员的构成、致词人的身份等。

2. 文字简洁

开幕词的篇幅不宜过长，核心目的就是阐明大会的目的意义和任务要求，对开好大会寄予希望。因此，文字量不宜过大。

3. 充满热情

开幕词对来宾有欢迎之情，对大会有祝贺之意，对参会者寄予希望，所以在语言的使用上要充满情感，多用大众化的通俗语言，营造激励、鼓舞的氛围。

第六个问题：起草会议闭幕词

闭幕词是大会的主要负责人代表会议主办方，在会议结束时的讲话。闭幕词的内容与结构类似于其他会议的总结讲话。它的主要作用在于简要评述大会进程，概括总结大会成果、说明会议有关情况，指出会议主要精神，对贯彻落实会议精神提出希望和要求。

（一）闭幕词的基本结构和主要内容

闭幕词的结构与开幕词的结构近似。除标题（标题结构与开幕词相同）外，主要由开头、正文、结尾三部分构成。

闭幕词的开头部分主要是概述会议的基本情况，对会议进行简要评价，说明会议是否完成了既定任务。

正文部分着重阐述会议取得的主要成果及其标志，指出会议的主要精神，对贯彻落实会议精神提出要求。

结尾部分主要是动员和号召为实现会议制定的目标而努力，并宣布会议闭幕。

（二）起草闭幕词的特点和写作要求

一般情况下，凡在大会开始时致开幕词的，结束时应当对应地致闭幕词。如果说开幕词拉开了大会的序幕，则闭幕词标志着大会全部议程的结束。闭幕词具有三个突出特点：一是总结概括性；二是鼓动号召性；三是语言通俗性。因此，在起草闭幕词时，应当充分体现这些特点，并要特别注意对以下一些环节的把控。

第一，在内容上，应当注意全面掌握会议的进程和总体情况，有针对性地阐述会议内容并予以充分肯定，同时对一些重要问题给予必要的补充和强调。

第二，在表述上，要短而精，篇幅不宜过长，对大会的进展情况、取得的成果、主要精神、重要意义和深远影响，进行高度概括。文字要简洁流畅，语言要通俗易懂。

第三，在风格上，要注意与开幕词相照应，使之首尾衔接，前后贯通，异曲同工。

第四，在情绪上，要充满激情、富有鼓动性和号召力。结束语要以坚定的语气发出号召，用殷实的语言提出希望，使所有参加会议的人员群情激昂、信心倍增、充满斗志。

第七个问题：审定会议交流材料

为了统一思想、形成共识，总结推广先进经验，推动和改进工作，往往在会议议题中，安排大会交流发言，甚至专门召开经验交流会。对会议交流材料进行审定和把关，就成了会务工作的一项重要内容。

（一）会议经验交流材料的特点

经验交流会重在经验，因此，组织好经验介绍材料颇为重要。会议经验交流材料主要有以下几个特点。

1. 围绕会议主题

会议的主题是确定的，组织会议交流的目的是为会议的主题服务的。因此，要求会议交流的经验材料必须紧紧围绕会议主题而展开。

2. 具有典型特点

不同单位或个人从不同的侧面和不同的角度，介绍对某一事物本质的理解和感悟，交流各自工作的体会和做法。经验不是人云亦云，而应当体现创新，体现独到之处，有自己的特色特点。

3. 具有启发意义

会议安排交流经验，其目的在于强调某项工作的效果和做法。对于介绍经验的一方，是总结和提高的过程；对于听取的一方是学习和借鉴的过程。因此，会议经验交流材料应当具有较强的启发性和推广借鉴意义。

（二）审阅会议经验交流材料的注意事项

审阅会议经验交流材料时，应当尽量尊重原稿。因为所有材料是按照事先通知的要求准备的，并且在报送时已经得到本单位领导的基本认可。但毕竟没有与其他材料进行比较，能不能满足会议的要求，还需要从以下几个方面去把握。

一是要紧贴会议主题。会议交流材料要力求符合会议的主旨，反映会议的指导思想。二是要体现事务本质。所介绍的经验要从不同层次、不同角度去提炼和概括，体现事物的本质和规律。三是要突出“经验”和“体会”。每一份材料都应具有个性化的特点，切忌千篇一律，如出一辙。四是立意要有高度。强调材料对与会人员的启发和借鉴意义。五是文字要精炼、语言要生动，强调用典型事例和数据说话。六是要注意篇幅，由于交流的时间是由大会统一安排的，是整个会议的一部分，为了不影响其他会议日程的正常进行，应当在强调内容的同时，适当控制篇幅。

除此之外，审阅会议交流材料还要预留充分的修改时间，文件组提出修改意见后，应当对起草人提出修改时限，以保证按时完成。

第八个问题：起草会议纪要

（一）会议纪要的定义及其特点

会议纪要是用于记载和表达会议主要精神和议定事项的公务文件。其主要作用在于传达会议精神、指导和推动工作。与会单位和有关部门以及下级单位，对纪要中议决事项和主要精神应当共同遵守并认真贯彻执行。会议纪要是推动和检查工作的重要依据和凭证。

会议纪要依会议的性质、任务，可分为例行会议纪要和工作会议纪要两大类。例行会议纪要用于记述和反映领导机关办公会议或例行会议的决定事项；工作会议纪要，是为解决工作中的某些问题、完成某项任务而召开的会议所形成的纪要。制发会议纪要的目的是记载、提炼、概括会议的基本情况和主要精神，作为在相应范围内贯彻会议精神、执行会议决议、检查推动工作的依据。

会议纪要具有准确性和纪实性、规定性和指导性、总结性和概括性等特点。

1. 准确性和纪实性

会议纪要必须真实、准确、全面地反映会议的主题、基本情况和主要精神。会议纪要所反映的内容和所依据的材料必须是真实的、准确的，会议纪要不可以添加起草人的个人意见，起草人也不能对会议的内容随意更改或任意增删。

2. 规定性和指导性

会议纪要具有推动和检查工作的作用。对于下级单位贯彻执行会议决议，提出刚性要求，比如，某项工作要在一定的时间内完成或达到规定的标准。座谈性会议或协商性会议，其纪要对会议参与者有着一定指导意义，对于会议纪要涉及的责任和义务，各方均应遵守。

3. 总结性和概括性

会议纪要区别于会议记录的根本点，就在于会议纪要不是有闻必录，而是要通过起草人对会议记录进行理性分析、综合整理、归纳提炼，以规范的格式和精炼的语言，总结和概括会议的主要精神和基本情况，既简要阐述会议的主要成果，又能恰当地反映与会者不同的看法和意见。

（二）会议纪要的格式和写作要点

1. 会议纪要的格式

会议纪要的结构分为标题和正文两部分。标题的格式是“会议名称＋纪要”。如“党委常委会纪要”、“行政例会纪要”等。正文的格式，一般为开头、主体、结尾三部分。开头，通常用来简述会议概况。包括会议召开的时间、地点、主持人和参加人员、主要议题、会议进程、会议成果等。主体，用来记载会议的主要情况、议定事项。结尾，一般对贯彻会议精神提出要求或提出希望、号召等。成文日期，一般以会议结束的日期为准。

2. 会议纪要的写作要点

起草例行会议和工作会议纪要时，主要概括会议的基本情况和主要精神。文中可以用小标题分别阐述，也可以用“会议认为”、“会议指出”、“会议强调”、“会议决定”等轻重不一的文字予以表述。会议研究决定的事项，应按照议题的先后顺序列出条目。需要贯彻落实的，要明确责任单位和完成时限。起草座谈性会议纪要时，针对会议的主题，采写有利于反映会议主要成果的，具有代表性的发言，在表述上应当体现“言责自负”，每个人的发言都要写明姓名、单位、职务。同时要注意有价值的不同观点和意见。

第九个问题：编发会议简报

（一）会议简报及其特点

会议简报，是一些会期较长的大型会议反映会议进展情况的简要通报。它既为领导同志掌握会议情况、与会人员交流思想提供方便，也为会议总结积累资料，还可以为与会人员传达贯彻会议精神提供参考。从时间跨度来看，可以是会议期间的情况通报，也可以包括会前、会中、会后三个阶段，但都与会议有直接关系。主要内容包括会议筹备、进程、与会人员对会议主旨和中心任务的理解和认识等情况，以及与会人员在讨论中提出的意见、建议等。

会议简报是为了交流情况。因此，会议简报应当真实反映会议的内容，着重反映会议中的重点问题。“新”、“实”、“短”、“快”、“少”五个字既是对会议简报特点的描述，同时，也是对编发会议简报提出的要求。

“新”，是指围绕会议主题，反映与会人员在会议进行过程中反映出来的新思想、新观点、新经验、新情况、新问题。

“实”，是指反映的情况要真实，不虚构、不掺假，言之有物、言之有据、言之有理。

“短”，是指会议简报的篇幅要短，文字精炼，开宗明义、重点突出。

“快”，是指编发迅速，尽量在短时间内将简报送至领导和与会人员，便于及时了解情况。

“少”，是要控制数量。编发会议简报，需要投入一定的人力、物力。为减少文牍，小型会议和一般性会议不提倡办简报，必须办简报的会议，也要贯彻少而精的原则。那些缺少实质内容、可发可不发的简报，要坚决不发。

（二）编发会议简报的方法

会议简报的编写大体上与新闻报道中的会议消息相近似。其主要写法有两种。一种是综合式写法，将与会人员有价值、有代表性的发言加以综合归纳，从不同的角度，选取有价值的内容，集中反映与会人员对会议主题的理解和认识。也可以根据会议进展情况，将与会人员参加会议活动情况，进行总结和概括。一种是摘要式写法，重点是摘录编发与会人员围绕某一专题在分组讨论中具有代表性的发言。采取摘要式写法编发会议简报，应当配有简短的案语。

第十个问题：会议文件的管理

会议的文件管理，也称会议文书工作。其主要任务包括会议的各种文件、材料的缮印、分发、收退、立卷、归档等。

（一）会议文件的缮印

1. 会议文件的格式要求

（1）会议文件的公文格式

会议文件有公文格式和非公文格式之分。所谓公文格式的会议文件，一般是指上级下发的需要在会议上传达贯彻的文件和本级会议单位已经制定，以会议的形式部署工作的文件。这类文件的格式，应当符合公文处理的有关规定。

（2）会议文件的非公文格式

所谓非公文格式的会议文件，是指需要提请会议进行研究或讨论的文件（如领导讲话、工作报告、会议决议草案以及其他征求与会人员意见的文字材料等），会议发言材料和会议参考文件，以及其他会议文件。非公文格式的会议文件，除不加文头之外，其他格式也应当符合公文处理的有关规定。会议的指导性文件和会议的主题文件，以及会议的发言材料、经验介绍材料（参阅文件）应统一在会议文件的左上角标示文件序号。如“××××会议文件之×”，或××××会议经验交流材料（参阅文件）之×，其字体、字号一般为 4 号黑体字。

2. 会议文件的缮印要求

（1）会议文件应当在专门的印刷机构缮印，有内部印刷机构的应在本单位印制，无内部印刷机构的应当选择有资质、有信誉，保证印刷质量的单位印制。

（2）送印会议文件应当明确完成时限，不可延误。

（3）控制会议文件的印刷份数。在满足所有与会人员人手一份的同时，适当预留机动份数和存档需要就可以了，以免造成浪费。

（4）涉及秘密的会议文件必须履行审批手续，并到主管部门指定的印刷单位印制。未经主管部门批准，一律不得复印，以防泄密。复印文件的成本较高，应当严格控制复印份数。

（5）会议文件的缮印，应当责成专人负责。文件装订之前，应当对文件的页码进行检查，特别是领导讲话的文稿，更要仔细检查页码和印刷质量，不可马虎大意。

（6）会议文件印制完成后，应与文件分发人员做好交接，当面清点，签字确认，以分清责任。

（二）会议文件的分发与收退

1. 会议文件的分发

会议文件的分发一般由文件组或会务组设立文件分发处，负责会议文件的分发工作。大中型会议的文件种类和份数较多，应当组织工作人员分装文件袋。会议文件的分发可以在会议开始前在入口处向进入会场的与会人员分发，也可以在会前摆放在与会人员的座位上，还可以利用休息时间送到与会人员房间。有的文件需要临时在会中分发，应组织好人员把文件及时准确地发到与会人员手中。文件分发时，应注意编号、登记，凡需会后收回的文件，要在文件上注明“会后收回”字样和收文人姓名、收文时间，为收退会议文件创造便利条件。尤其对于一些涉及国家秘密的文件材料，更应当严格登记，履行必要的签字手续。收退会议机要文件时，要认真清点，签字确认，全部收回，以免流失。

2. 会议文件的清退

清理会议文件是为立卷归档做准备。主要有以下一些工作要做。

（1）将本次会议的各类文件资料进行登记造册并注明编号。

（2）对文件进行甄别、整理、分类，将没有必要保留的文件及时销毁。

（3）将筛选出来的文件进行分类排列，填写文件查询表。

（4）移交给档案管理部门。

（三）会议文件的立卷归档

会议结束后，应由会务工作人员将完整成套的会议文件集中起来，按照档案部门的要求和文件立卷归档的有关规定，根据会议文件的内在联系，依其形成的时间顺序或内容的主次加以系统的整理，统一编号，立卷成册，送交档案管理部门存入档案。

会议文件完整系统地保存下来，既留下了历史记录，又提供了会后查阅和参考借鉴的资料。

会议文件的归档立卷工作，通常是由会议的文件组责成专人负责。

会议的文书工作是决定和体现会议质量的重要标志，在整个会务工作中占有重要地位。

第八章

会议接待服务

8

会议接待服务，是一项既重要又繁杂的工作。会议接待服务工作的质量，直接关系到与会人员在会议期间的情绪及身心健康，关系到会议能否顺利进行并取得圆满成功。因此，会务工作人员应当按照上级有关规定和会议领导的要求，高质量、高效率地做好会议接待服务工作。

一般情况下，按照常人的思维习惯，在接到参加会议的通知后，对会议接待和生活安排会产生一连串的问题。如什么时间报到，怎样到达开会的地点；如果在外地开会，又会想到怎样到达开会的酒店，是否有人到车站、码头或机场来接；到达酒店后还会想到，会场在哪里，会议开几天，会议之外是否还有其他活动，吃住在什么地方；会议临近结束时，又在想怎样返程，会议是否安排预订返程票，会不会有车送，等等。这些问题都要通过会议接待和生活服务工作来一一解决。如果接待工作和会议期间的生活没有安排好，同样也会使会议的效果大打折扣。因此，大型会议一般都设有会议生活接待组。

俗话说，兵马未动，粮草先行。办会也是一样。做好与会人员的接待和生活服务工作，是使会议取得圆满成功的重要保证。会议接待和生活服务包括与会人员的迎送、住宿、餐饮、娱乐、医疗、车辆使用等方面的服务工作。

第一个问题：与会人员的到会服务

有些会议安排在外地召开，与会人员需要乘坐火车、汽车、轮船、飞机等前往，由于与会人员可能对会议所在城市或预定的会议报到地点比较生疏，会议主办方应当安排会务工作人员分别到车站、码头、机场迎接，并组织好报到工作。

（一）接站

组织接站是会议报到的开始，也是会议接待工作的开始。接站组织得好，与会人员顺利到会，标志着整个会议开了个好头。否则，该接的没接，该到的又没到，弄得大家都不愉快，将会影响与会人员的参会情绪，影响整个会议的效果。因此，必须妥善安排，做好相关准备工作。

1. 接站的准备工作

（1）编排接站计划。根据汇总会议通知的回执反馈和会议报名表的有关信息，准确掌握与会人员所乘坐的火车、飞机、轮船等交通工具的班次、日期及到达时刻，编制会议接站计划。并按计划安排专人接站。

接站计划的编制应注意下列问题。

第一，与会人员到达计划有没有改变。

第二，与会人员到达后在用车上有无特殊要求。

第三，与会人员的职务和级别，是否需要安排专人、专车迎接。

第四，同时到达的人数。

表 8-1　×××会议接送站计划表

日　期	时　间	车次/航班号	单　位	姓名	职务	人数	接送负责人	车辆	司机	备注

（2）明确接站人员。接站人员是以会议主办方的代表身份去迎接与会人员的，因此，应当事先落实到位，并就怎样做好接站工作进行简单的培训，提出要求。级别较高的与会人员到达时，应由职务或级别相当的人员接站，因工作原因不能到车站、码头、机场迎接的，可以在会议地点迎接，但应委托他人代为接站。

（3）制作接站标志。因为会务工作人员不可能认识所有与会人员，再加上出入机场、车站、码头的人很多，稍不注意就可能接不到。因此，接站时应当有一个非常清晰、醒目的接站标志，使前来参加会议的人员很容易地与接站人员联系。接站牌最好做成双面的，以保证前后都能让与会人员看到。

（4）安排接站车辆。根据与会人员的身份和人数，安排相应类型和档次的车辆。

（5）掌握抵达信息。接站的工作人员应当熟知各车站、码头、机场的咨询电话，了解和掌握与会人员抵达的班次是否正点，提前到达接站口。接到之后，应将所接人员身份及人数及时通知会议报到组做好相关准备工作。

2. 组织会议接站

组织会议接站，一要计划周密。与会人员什么时间到、乘什么车、班次是否正点到、什么人去接、安排什么车，都要周密安排。还有，已经到了哪些、还有多少没到，底数一定要清楚，尤其是当火车或飞机晚点，打乱了原来计划时，更要及时调整，切不可因为晚点而漏接。二要服务周到。接站人员要以主人身份做好工作。与会人员到达后，应尽快安排车辆送往会议住地，不要让人等的时间过长；接站用车应预留行李位置，适当宽松一些。当接待的与会人员不相识时，要持比较醒目的接站告示，接到后要主动作自我介绍，并向来宾介绍会议的基本情况；当接待的与会人员中有老弱病残时，更应当给予特殊照顾，必要时应单独安排车辆。会议规模较大，与会人员较多时，为减少与会人员报到时的等候时间，接站人员可事先带上会议证件、住房钥匙等，在接站时提前发给与会人员，事后再补办报到手续。三要搞好协调。接站工作涉及很多方面，应做好协调工作。包括与车站、机场、码头等外部关系的协调；同时还包括会务组织内部的协调。接站人员要随时与会议报到处联系，通报接站情况，以便提前做好准备。特别是由于晚点造成与会人员耽误用餐时，应及时与餐厅联系留餐。四要注意安全。注意车辆的行车安全，注意行李不要拿错（应提前准备标有与会人员单位或姓名的行李牌）。

3. 接站工作注意事项

（1）分工负责，落实责任。会议接站工作要根据车站、码头、机场的分布，安排相应的人员并有明确的分工，责任落实到人，一盯到底。大型会议的接站工作应当成立专门的工作小组，负责组织和调配接站人员和调度车辆。

（2）作好准备，提前到位。接站工作人员接受任务后，应当准确把握时间，提前做好准备工作。包括接站牌、联系电话等，遇有雨雪天气时，还要提前备好雨具。有些班次到达的时间太早，接站人员应提前休息，并委托叫醒服务，确保提前到位。

（3）站位醒目，礼貌迎接。到达接站口后，接站人员应当选择醒目位置。与会人员到达后，接站的工作人员应热情大方地主动问候，并帮助提拿行李，送上专用车辆。如陪同乘车时，应主动介绍会议的准备情况、日程安排，以及酒店的位置、布局等相关情况。

（二）报到

1. 会议报到的意义

会议报到是指与会人员从自己的工作单位或住地按会议要求到达指定的开会地点，在规定的时间内向会议主办方履行必要的登记手续，是与会人员参加会议活动的必要程序。其实际意义在于会议主办方确认与会人员的身份，便于统计会议人数，是掌握与会人员到会情况。会议报到，是会议接待与生活服务的基础性工作。

2. 会议报到的方式

会议报到的方式主要有两种：一种是计算机报到，另一种是现场报到。计算机报到是将与会人员的身份证扫描到预先设计的报到程序中，屏幕显示与会人员的相关信息，并自动生成统计数字。使用计算机报到方便快捷，但由于技术和设备条件的限制，目前还没有普遍使用。现场报到是与会人员到达会场后，向会议报到处出示会议通知和相应的身份证明，在会议报到表上签字的一种报到形式。现场报到是目前比较常见的报到形式。

3. 会议报到的组织

组织会议报到，主要做好以下几项工作。

（1）查验证件。包括查验会议通知原件、与会人员所在单位开据的证明、本人身份证以及其他有效证件。

（2）登记信息。请与会人员在会议报到表上填写相关信息，并签名。

（3）收取费用。有些会议须由与会人员在报到时交纳会议期间应由个人承担的费用。报到时要安排财务人员收费并开据发票。

（4）发放资料。主要包括会议的日程安排、会议的相关文件与资料，会议证件及会议服务信息等，这些文件资料应当预先装在文件袋内，以免丢失。

（5）安排食宿。分发住房钥匙和会议餐券等。

（6）预订返程票。报到时，应当做好返程登记工作。为减少与会人员的报到时间，最好将返程票预订单发给每位与会人员（返程票预订单格式见表 8-2），明确填报时限，再由工作人员收集整理。需预订返程票的，应预收票款和有关证件。

（7）统计报告。统计报到情况，应当将实到人数与未到人数分开统计，并及时向会议组织负责人报告。对尚未报到的人员应当通过电话询问原因，催促报到；因特殊情况缺席或委托他人代替参加会议的，应经会议主管领导同意。

组织会议报到，应当在会议所在宾馆（饭店）大厅内设置报到台。安排相应人员负责具体工作。

表 8-2　×××会议返程预订单

单位	姓名	返程日期	车次航班号	目的地	票种	数量	备注

第二个问题：与会人员的住宿服务

（一）安排会议住宿的依据

会期超过一天的大中型会议，往往需要安排与会人员住宿。会议住宿安排的依据是会议生活服务方案和预先编制的会议住宿房图。

（二）安排会议住宿前的准备工作

一是落实会议住宿房间，核实会议预订房间的腾退情况。宾馆（饭店）的惯例是，每天中午 12 点和晚上 6 点作为房费结算的节点。当天入住，次日 12 点前结账；超过 12 点，至晚上 6 点前加收半日房费；超过晚上 6 点，加收一天房费。对此，会务工作人员要了解清楚，并对房间的腾退和清理情况逐个进行核实，以保证与会人员到达后能及时入住。

二是检查会议住宿房间的设备与设施。检查的重点是室内环境是否清洁、卧具是否整洁、空气是否清新、温度是否适中，电视机、电话机状态是否良好，卫生间上下水管道是否通畅等。除此之外，还要检查宾馆的走廊、楼与楼之间的通道是否畅通，电梯运行是否正常。宾馆布局比较复杂的，应当请宾馆方制作引导牌。

三是备好房间钥匙。绝大多数宾馆的房间钥匙是磁卡式的，通常是办理入住手续时临时制作。正如前面所说的，如果与会人员集中到达，逐个办理入住手续会大大延长等候时间。为此，会务工作人员应当与宾馆协商，与会人员到达后，先进房间后办手续。提前将全部房间钥匙做好，或者在与会人员到达前事先将房间打开，钥匙放在房间里的显著位置，与会人员报到后直接入住，然后再补办入住手续。

四是作好收费准备。按照会议预算和收费标准，凡是明确规定住宿费用（含伙食费）自理的，应当请宾馆配合，提前将发票打印好，免得在收取住宿费时再逐一打印。

五是作好入住人员的统计。为了全面掌握与会人员的住宿情况，工作人员应当对入住人员做好统计工作，以备随时向会议领导报告。

（三）迎接与会人员入住

与会人员到达宾馆后，工作人员应当安排服务生协助搬运行李，送到房间。与会人员入住后，会务工作人员还应当作好随机询问，了解对房间分配的意见，提出调换等需求的，应尽量予以满足。

（四）离店服务

会议结束后，与会人员将陆续离店，返回各自的工作岗位。工作人员应当协助做好与会人员离店的服务工作。

一是协助办理退房手续。一般情况下，旅客离店时所在宾馆的工作人员要对所用房间进行仔细检查之后，才可以办理离店手续。但由于在签订合同时，已经对离店手续进行了协商，与会人员本人应当交纳的费用在入住时已经结清，因此，当与会人员离店时，没有更多的手续要办，只是协助宾馆做好房间钥匙的交接与回收工作。为了尽量节省会议开支，工作人员应当及时掌握会议用房清退情况。把握好费用清算的时间节点，对照与会人员返程计划和离店时间，及时办理退房手续。

二是与会人员在会议期间临时租借宾馆用品的，会务工作人员应当协助办理归还手续。

三是与会人员遗忘在房间的物品，会务工作人员应当暂为保管；所用房间的物品发生遗失或损坏的，会务工作人员应协调使用人按照规定予以赔偿。

四是协调处理延期退房等问题。对个别因工作需要或其他原因还需在会议所在宾馆（饭店）继续住宿的，会务工作人员应当在食宿等方面，协调宾馆方面继续给予妥善安置，以免使他们产生“会散茶凉”的感觉。但延期住宿的费用应当自理。

第三个问题：与会人员的返程服务

任何会议都要求会务工作善始善终。安排好与会人员的返程是会议结束后一项重要的服务性工作。来时有人接，回程有人送，让与会人员既能感受到会议主办单位的热情，又对会议组织与筹备工作留下深刻印象。会议返程服务的一个明显特点就是零碎、烦琐，跑腿的事多。一定要周密安排，使与会人员心情舒畅、高高兴兴地返程。

（一）组织返程的主要工作

1. 统计返程票登记单，组织预购返程票。

2. 了解和掌握与会人员的返程日期、车次（航班）以及离开住所的时间，编制返程送站计划。

3. 合理安排送站车辆，集中送站。把与会人员返程出发的时间大体分为几个时间段，以便相对集中地安排车辆，尽量减少小车的使用数量。

（二）组织返程的注意事项

1. 准确分发返程票。与会人员所乘交通工具不同，因此在分发返程票时务必仔细核对交通工具的种类、时间、班次、使用人及票额，避免差错。

2. 预留足够的路途时间。离开会议所在宾馆（饭店）至车站、机场、码头的距离不同，途中所需时间也有长有短。要对路况有一个充分的估计，特别是交通的高峰时段，更要预留足够的在途时间，以免耽误行程。

3. 与会人员离开会场或住地时，会议主办单位应安排相应的人员送行，必要时安排有关领导送站。

4. 有些与会人员自带车辆，会务人员应询问他们的返程日期和路线，提供必要的方便条件，同时要掌握返程情况。

第四个问题：会议餐饮服务

安排会议用餐是会议生活服务工作中的一项既重要又很难做好的工作。会议餐饮服务，对于与会人员能否保持充沛的精力，心情愉快、情绪饱满地参加会议有很大影响。因此，必须责成专人负责。

老孙和老赵，都是“老会务”了，他们在餐饮服务方面积累了许多经验，也摸索出了会议餐饮服务工作的一些规律和特点。因此，会议的主管领导要求他们与宾馆方密切配合，让所有与会人员在会议期间吃得好、吃得饱，既顺口、又顺心。

（一）会议用餐的特点与工作要求

在老孙他们看来，会议用餐不同于家庭用餐，也不同于三五人到饭馆聚餐，而是有着鲜明的特点、特定的要求和严格的工作规范。

1. 会议用餐的特点

会议用餐具有用餐地点集中、用餐时间集中，需求多样化、季节性与地域性差别大、餐饮标准限定严格等特点。

（1）集中用餐。会议用餐是在短时间内，众人集中取食的一种用餐形式。所有与会人员和全体会务工作人员在同一时间、同一地点集中用餐是其显著特点。因此，安排会议用餐时，应当把满足所有与会人员（含工作人员）同时就餐的要求，作为选择用餐地点的首要条件。如果因为餐厅的面积不足，往往需要安排与会人员分批就餐，不仅加大了会议餐饮服务的难度和工作强度，甚至由于延长了就餐的等候时间，影响与会人员休息和参加会议。

（2）多样化需求。俗话说，众口难调。我国的地域宽广，民族众多，由于与会人员来自不同的地方，每个人都有一定的饮食习惯，在口味需求上也不尽相同。在民间，很久以前就有“南甜北咸、东辣西酸”的说法，如今随着社会的进步和现代营养科学的不断发展，人们的饮食结构和饮食习惯，以及对饮食的需求都发生了很大变化。但传统的口味需求和饮食习惯，仍然很难“一日即除”，并且由于与会人员的年龄、性别、民族，以及个人健康状况，每个人对餐饮的品种、数量的需求等，都有明显的个性化特点。在安排会议用餐时，既要满足大多数人的用餐要求，又要照顾少数人的饮食习惯；既要保证食品质量和营养成份，也要保证足够的数量。

（3）季节性与区域性差别大。我国具有四季分明，夏季普遍高温多雨、冬季南北温差大等显著的地理特征。这样的地理特征，对会议饮食也会产生一定的影响。例如，冬天在东北地区开会，室内外温差很大，在食品的加工上，应当体现一个

“热”字，因为食品在自然环境中冷却的速度比较快，要特别注意保温。与会人员走进餐厅时的第一愿望，就是能够喝上一碗热腾腾的稀饭或是可口的热汤面。如果夏季在江南地区开会，由于气候闷热潮湿，加工后的食品极易变质，应当特别强调一个“净”字，最好少用或不用熟肉制品。

（4）限定标准。会议用餐的伙食标准是根据有关规定，按照会议的规格、规模确定的。分解到一日三餐，既要控制在限定的标准范围内，又要对每一餐、每一天的膳食结构和营养搭配进行合理调剂，如何让所有与会人员都能吃得舒服、吃得愉快、吃得科学、吃得健康，又不超出伙食标准的限制，是餐饮服务工作的难点和重点。如果一个餐厅不能满足用餐要求，需要采取多餐厅同时开餐时，所有餐厅应当按照统一的标准开餐。没有特殊情况，会议用餐的标准不得突破。

2. 会议用餐的形式

会议用餐的形式很多，有桌餐、分餐、自助餐、工作餐等。一般常见的是桌餐和自助餐两种形式。会议人数不足40人时，因为用餐人数少，餐饮加工的成本相对较高，不适合采用自助方式，改为桌餐或工作餐则比较经济。

桌餐，就是与会人员围桌而坐就餐。餐厅服务人员按照预定食谱将饭菜集中放在桌面上。餐桌可以是圆桌，也可以是方桌。无论是圆桌还是方桌，每个人的就餐位置不应小于60 cm。圆桌的计算公式为，每个人用餐位置＝餐桌直径×3÷用餐人数≥60 cm；方桌的的计算公式为，每个人用餐位置＝方桌的四边之和÷用餐人数≥60 cm。桌餐便于统计用餐人数，但食物相对固定，人们就餐有早有晚，有时会出现同桌人员多数等少数就餐的现象。由于桌餐选择食物的范围不大，并且多人在同一餐具中交叉取食，存在传染消化道疾病的可能，应备有公用的取食工具，如“公用筷子”、“汤匙”等。

自助餐，便于与会人员“各取所需”，是比较理想的会议用餐形式。餐厅服务人员事先将各种菜肴、主食、饮料等集中摆放于餐台上，由与会人员根据个人喜好和需要自行选取，在一旁的餐桌上就餐。会议采用自助形式用餐，便于适当拉开用餐间隔，减少餐厅因集中用餐而造成的压力。自助餐具有灵活、方便、卫生等特点，受到与会人员的普遍欢迎。

工作餐，是由餐厅服务员将主、副食盛在餐盘中，由与会人员自行到窗口取食的用餐方式。其优点是克服了交叉取食的弊端，并且随到随取。不足的是，所有人都是同样品种、同等数量，很难满足个人口味和进食量。工作餐一般适用于小型会议。

3. 会议用餐的基本要求

（1）确保卫生。“民以食为天，食以安为本”，会议用餐必须确保与会人员的饮食安全，绝不能在饮食上发生问题，影响与会人员的健康。只有提供清洁卫生的饮食，才能使与会人员吃得放心、吃得满意，从而保证会议各项活动的正常进行。一是要求所有食品必须符合国家食品卫生法的有关规定，并经过严格的卫生检验、检疫，以防止食物中毒事件的发生。规格高的会议和规模较大的会议，所有菜品都应 24 小时留样，以备查验。二是要求所有餐具、茶具必须严格按规定进行清洗和消毒。三是要求到指定供货渠道采购食材，从源头上保证食材的质量。四是要求用餐环境整洁卫生，桌椅表面清洁，摆放整齐。餐厅空气清新，室内无蝇虫。五是要求餐厅服务人员着装整洁，讲究个人卫生和仪表仪容。

（2）合理调剂。首先，会议用餐应当按照不同的时令和季节，对饭菜进行科学合理的调配。菜肴与季节相适应，尽量采用应季食材或时令菜品。其次，会议用餐应当尽量减少重复。我国饮食的烹调方法很多，相同的食材有许多不同的做法。做法不同，自然口味也不尽相同。上一餐与下一餐，换成完全不同的菜谱和食谱，有些强求。但变换烹调的方法却很容易。第三，体现地方风味和特色。会议用餐不要求每一餐都要按宴会的套路和模式安排，应当以家常饭菜为主，不上高档菜肴。如水饺、面条、家常饼、蛋炒饭等等。在西南有“抄手”和“担担面”，在西北有“羊肉泡馍”和“牛肉拉面”，在东北有“猪肉炖粉条”、在江南有“清蒸狮子头”和“扬州炒饭”，在山东有“煎饼卷大葱”……总之，很多地方菜品和特色小吃都可以作为会议食品，通过合理调剂，尽可能满足大多数与会人员的用餐要求和饮食习惯。

（3）保证供应。由于会议用餐是集中用餐，因此，对饭菜供应的数量和速度有着“充足”和“迅速”的要求。一是菜品要充足，有足够的备份，保障供应。尤其是大型会议的人数众多，后厨的餐料准备与烹调加工的工作量很大，应当合理调配菜品数量，以免造成餐食的供应中断。坊间常说“看人下菜”，用在这里再合适不过了。桌餐应以普通人进餐量的十人份为标准备餐，当与会人员以年轻人为主时，应当适当添加。如果是自助形式用餐，应当“吃一、看二、眼观三”，上一份、备一份、做一份，不能因为菜品断档而影响取食。要责成专人对餐台上的食品进行盯控，随时添补。二是上饭上菜的速度要快。无论是桌餐还是自助，只要到了用餐时间，就要保证以最短的时间作好与会人员用餐的准备。

（4）特殊照顾。一是照顾好老年人。与会人员以老年人为主的时候，会议用餐应考虑老年人的特点予以特殊照顾。有人把老年人用餐的要求用“软、淡、热、烂”来概括，是有一定道理的。意思是说，老年人用餐应当多一些容易消化的食物，清淡不油腻，熟透而松软，趁热食用，少吃冷食。二是照顾好少数民族。少数民族有独特的饮食习惯和禁忌要求。常见的是回民餐。当与会人员中有回民时，应当配备专人服务，设置专席，其食物应当单独加工制作，厨具、餐具也应与其他人分开使用。伙食标准与其他与会人员一样，使他们吃好吃饱。三是要照顾好外宾。有外宾参加的会议，应当注意外宾的国籍，了解其生活习惯和饮食禁忌，尽量单独安排就餐地点。对外宾提出的饮食要求，要尽量予以满足。四是照顾好病号，与会人员中如有身体不适者，应当为他们做一些清淡可口、易于消化的饭菜，并且与其他人员分开就餐。同时，还要兼顾“三高”（高血压、高血脂、高血糖）人群的饮食，少盐、少糖、多纤维。五是照顾好“迟到”的人。会议报到的当天，常常会因为行程的安排或乘坐的交通工具晚点，造成与会人员报到时错过了用餐时间。在会议期间也可能因为各种原因，使部分与会人员或工作人员不能按时就餐。这就要求会务工作人员要了解和掌握这些信息，及时与餐厅协调，为“迟到”的人员备好饭菜。

（5）防止浪费。会议用餐应当以用餐人数作为备餐的依据，避免出现备餐不足或过多的情况。因此，应当在每一餐前，都要提前统计，确认用餐人数，并及时通知厨房。与会人员和会务工作人员有时在会议期间需要在外用餐，会议用餐人数会相应减少。特别是会议结束后，与会人员陆续返程，会议用餐人数将会越来越少。因此，应提前作好预测和统计，及时将减少的人数通知餐厅，按人数订餐，防止造成浪费。

（二）会议餐饮服务的流程和工作要点

会议的餐饮服务的环节很多，每一个环节都应当做过细的工作，才能保证服务质量。

1. 编制餐饮服务方案

大型会议的餐饮服务，要根据会议活动的整体要求制定一套详细的工作方案。

（1）就餐时间。会议的就餐时间应当服从于会议的作息时间。一般安排早餐 40 分钟至 1 小时，午餐和晚餐相对长一些，一般控制在 1.5 至 2 小时。会议的就餐时间应当符合大多数人的正常生活规律。

（2）就餐地点。根据会议的规模和与会人员的身份，综合考虑餐厅的分配与使用。与会人数较多时，可安排一个或几个餐厅同时用餐；如果受就餐面积限制，则应考虑合理安排分批就餐。

（3）就餐形式。采用桌餐还是自助餐；是所有每一餐都采用同一种形式，还是一日三餐，分别采取不同的用餐形式。

（4）就餐标准。符合有关会议用餐标准的规定，如每人每天伙食标准是多少，分别说明早餐、午餐和晚餐的不同标准。

（5）食谱与菜谱。根据会期及与会人员的构成，按照规定的标准，制订每天早、中、晚的食谱和菜谱，必要时应征求主管领导的意见。

（6）就餐凭证。说明凭餐券还是凭会议证件用餐，如凭餐券就餐，应在报到时将餐券发给与会人员。

（7）食品安全的保障措施。为了保证食品安全，采取哪些必要的措施。例如，是否安排卫生防疫人员驻会，是否保留菜样，以及在餐前对餐厅进行全面检查等。

会议餐饮服务方案，须经会议主管领导审定。

2. 编制伙食预算

会议的经费预算是编制伙食预算的依据。按照参加会议的人数和会议的天数，根据上级和本单位的有关规定和伙食标准，编制伙食经费预算。伙食预算应当以每人每天的伙食标准为主，同时考虑会议期间的其他项目支出，如会议进行中的茶歇、工作人员的误餐，以及工作人员接送站时的在外就餐等。会议期间还要认真做好会议伙食经费的核算，以避免会议结算时出现收支不平衡的现象。

3. 拟订食谱

食谱（包括菜谱）的确定，是保证会议用餐的关键。怎样拟订食谱呢？重点应当考虑四个方面的因素。

一是禁忌。人们在饭店用餐时，经常听到服务员问："您有忌口的吗？"这是在询问食客的饮食禁忌。安排会议用餐，虽然不能逐个去询问，但应当充分考虑大多数人的生活习惯，特别要注意少数民族的饮食禁忌和不同地域的饮食文化。会议用餐一般不用或少用动物内脏，忌用鸟类、蛙类、鼠类、蛇类等动物。

二是品种。中国有"鲁、川、粤、闽、苏、浙、湘、徽"八大菜系，外加东北菜和北京菜，以及上千种地方小吃，都可以选用。但应当参照所在宾馆（饭店）的加工制作能力和伙食标准来选择。尤其是自助餐，其品种可以多一些，使与会人员对餐食的选择性更强，吃得更舒心。

三是营养。会议用餐的食谱一般应当强调大众化、家常化，同时注重膳食结构和营养搭配。努力做到粗粮、细粮搭配合理，冷菜、热菜搭配合理，荤菜、素菜搭配合理，主食、副食搭配合理。有的餐厅特意将各种食品或菜品的成份和营养构成制成表格，张贴在显著位置，供用餐人参考。

四是风味。各地都有代表其地域特点的风味小吃，适当选用一些，多数人会愿意品尝。

五是禁酒。会议用餐（酒会除外）一般不提供白酒、红酒，采取自助形式用餐时，可在晚餐时作为饮料，准备少量啤酒。

4. 检查准备情况

会务工作人员应当在餐前对餐厅的准备情况进行一次全面检查，包括饭菜的质量、份数、卫生状况、环境布置等。

5. 主动征求意见

用餐时，会务工作人员应当先组织与会人员就餐，然后再安排自己就餐。当与会人员就餐后，工作人员应当了解用餐情况并主动征求他们对饭菜质量、口味以及餐厅服务方面的意见建议，发现问题，及时与餐厅沟通协调，予以改进。

6. 做好服务工作

会议的餐饮服务，以所在宾馆（饭店）为主。会务工作人员一方面是组织安排与会人员就餐，更多的服务工作应由所在宾馆（饭店）负责。会务工作机构和工作人员可以对经营者提出改进意见和反映与会人员的要求。所在宾馆（饭店）应当认真听取与会人员的意见，热情周到地做好服务工作。否则，就会影响与会人员的就餐情绪，耽误就餐时间，引起与会人员的不满。开餐前应做好一切准备工作，摆放好餐桌上的备品，包括餐巾纸、调味瓶、牙签等。提前把餐厅打扫干净，打开餐厅的门，并指定专人候在餐厅门前，引导就餐人员就座。安排好有不同饮食习惯的少数民族人员和病号的餐桌，最好安排单间，不便安排单间时应用屏风与其他餐桌隔开。桌上要放置醒目的标志牌。

进餐过程中，同时要安排餐厅服务员进行巡视，及时清理用过的餐具，保持用餐环境的整洁干净。采用桌餐形式时，上饭上菜应有一定的间隔和顺序，不可以把全部饭菜一下子堆在桌面上，影响取食。上菜时要提醒周围的人员注意，轻拿轻放，菜品不可溢出餐具，更不能遗洒。

（三）我国部分少数民族的饮食习惯与禁忌

我国是多民族国家，各民族都有着自己的饮食习惯和风俗禁忌。了解和掌握部分少数民族的饮食习惯、风俗禁忌和口味需要，对于做好会议餐饮服务工作很有必要。

1. 回族

回族在我国分布很广，其饮食习俗也不尽相同。主食以米、面为主，面条、面片，油香、馓子是各地回族普遍喜欢的特殊食品。民间特色有酿皮、拉面、臊子面、牛（羊）杂碎等。回民喜吃牛、羊、鸡和有鳞鱼。爱喝茶，待客时还要添加冰糖、红枣等。回族在饮食方面的忌讳颇多。禁食猪、马、驴、骡、猫、狗、鹰、蛇等动物，不吃未经信仰伊斯兰教的阿訇宰杀的和自死的畜禽肉，不吃动物的血等。

2. 满族

满族的传统主食是饺子、米饭（高粱米和小米）和黏豆包，菜肴以“酸菜”、“白肉炖血肠”和“火锅”比较有名。忌讳吃狗肉。

3. 藏族

藏族的传统主食以糌粑为主，饮料则以酥油茶、青稞酒为主，牧区还有肉食和奶制品，不少人喜欢吃风干的牛羊肉，但忌食驴肉、马肉和狗肉，有些地方还不吃鱼和飞禽。一般还不吃海味。他们不吃鸡、鸭、鹅等家禽。藏族人常用蔬菜主要有洋芋、白菜、青菜及各种菌类。

4. 蒙古族

无论是牧区还是农区的蒙古族人日常都爱喝奶茶，饮用马奶或骆驼奶酿制的奶酒。牧区的蒙古族人主要吃奶制品、牛羊肉和面食。农区的蒙古族人主要吃米面和羊肉，辅以各种蔬菜。蒙古族人的特色菜是“手扒羊肉”，忌食鱼、虾、蟹等海产品。

5. 维吾尔族

维吾尔族传统菜肴自成体系，以烤、煮、焖为主要烹调方法。以烤羊肉、锅烤肉、烤全羊最具代表性。烤馕、烤包子、抓饭是最常见的饭食。忌吃猪、狗、驴、骡之肉和自死禽畜肉及动物血，南疆地区还忌吃马肉和鸽子肉。维吾尔族人最喜欢吃的蔬菜有胡萝卜、洋葱、西红柿等

6. 朝鲜族

朝鲜族以大米为主食，喜欢吃辣泡菜、打糕、冷面、大酱汤和狗肉，但在婚丧、年节期间不吃狗肉。不喜欢吃鸭子、羊

肉、肥猪肉。

7. 苗族

苗族粮食多以大米为主，玉米、红薯、小麦为辅，肉食多为饲养的家禽家畜，但不喜肥肉也不喜欢吃羊肉，有的地方过节时不吃狗肉。苗族人喜吃辣，民间有“不辣不成菜”的说法。

8. 壮族

壮族是我国少数民族中人口最多的民族。主食以大米为原料，主要有：米饭系列、米粉系列、粽粑系列、汤圆系列、米糕系列等。尤其喜欢用黑、红、黄、紫、白五色米做成糯米饭，“五色饭”寓意五谷丰登。壮族人几乎对任何禽畜肉都不禁吃，喜欢吃腌制的酸食，以生鱼片为佳肴。但有的地方青年妇女忌吃牛肉和狗肉。壮族人的口味辣麻偏酸。

（四）茶歇与夜宵服务

有些会议，如研讨会、评审会、座谈会或涉外会议等，如果持续时间较长，会议主办方往往在会间安排茶歇，如果晚上开会在三小时以上时，还要安排夜宵。

1. 茶歇服务的主要工作内容

茶歇一般设在会议室外的走廊，由所在宾馆（饭店）的餐饮部门专门摆设茶歇服务台。通常摆放一些点心、水果、饮料等，供与会人员会间休息时取用。就提供的食品种类而言，茶歇有中式茶歇和西式茶歇之分。

中式茶歇的食品，通常为各类中式糕点、饼干、应季的水果拼盘等。饮料以茶为主，主要有绿茶、花茶、红茶、奶茶、果茶以及矿泉水、白开水等。

西式茶歇的食品，主要有西式蛋糕、各式甜品、饼干和水果。饮料主要有咖啡、红茶、矿泉水、苏打水，以及香槟等含有低度酒精的饮料。

会议茶歇服务，主要有以下一些工作内容。

（1）根据会议人数与餐厅预订茶歇的品种、数量。

（2）检查茶歇服务的准备，包括服务台的设置，茶点的种类、数量与摆放等均不可影响会议的正常进行，不可以影响与会人员进出会场。

（3）把握茶歇的时间（一般为15～30分钟），及时提醒与会人员复会。

（4）控制茶歇的取费标准。

2. 茶歇服务的注意事项

（1）卫生。茶歇的食品、饮料需事先准备，提前摆放，特别要注意存放卫生。食品要用保鲜膜包装，临近开始时再逐个打开；服务台要干净整洁，没有污渍；果叉、小勺、口杯等要用布遮盖，防止灰尘污染。

（2）适量。根据与会人数测算茶点的品种和数量，总量不宜太多，以免造成浪费。

（3）兼顾不同需求。现代人对糖的摄入量比较在意，尤其是血糖偏高的人。在准备茶点时要兼顾不同需求，准备一定量的无糖糕点、酸奶、饮料等。

3. 夜宵服务

夜宵是晚餐后的一种食物补充。它既不同于正餐那样对主副食的种类和数量有明确的要求，也不像茶歇那样只配备茶点和饮料，而是多以面条、馄饨、稀饭、牛奶、酸奶、面包等为主，佐以一些爽口小菜，用以补充人体所需要的热量。考虑到人们毕竟要在夜间休息，所以夜宵的需求量一般不是很大，也很少使用甜品。

夜宵服务要注意以下一些事项：一是不油腻，尽量安排一些容易消化的清淡食物；二是不铺张，简简单单更容易被人接受；三是不浪费，按人数备餐，用多少备多少；四是不过夜，以零点前后为宜，太晚了会影响休息。

第五个问题：会议医疗服务

会议的生活接待工作不仅仅是对与会人员迎来送往、安排食宿，更深层次的意义，还在于满足与会人员的健康需求。会议期间，当与会人员感觉身体不适或突发疾病时，会务工作机构应当能够及时协助安排就医，使他们在会议期间始终保持充沛的精力和饱满的精神状态，更加投入地完成会议预定的任务。因此，做好与会人员的医疗服务，就成为会务工作机构的一项不可或缺的服务工作。

一些大型会议，特别是老年人较多的会议，会议主办方常常设立会议医疗服务机构。医疗服务机构一般是由会议主办单位在会务组织机构中设立。有的利用会议所在宾馆（饭店）的医务室为大会提供医疗服务，有的是聘请正规医院的医务人员驻会服务。聘请医务人员驻会，应由会议主办单位向有资质的医院提出要求，由医院选配具有丰富经验的医生和护士，并备有常用药品和应急设备。一些夏季在露天召开的群众大会，如果时间较长，加之空气闷热，为了避免中暑和可能发生的意外，也应当安排医护人员，并在现场备有应急的救护车。

（一）会务医疗服务的主要工作

大型会议的会务工作机构在为与会人员提供医疗服务中的主要任务包括以下一些内容。

1. 设置会议医疗服务点

根据会议的时间和与会人员的构成，提出设置会议医疗服务的建议，报经会议主管领导批准后组织实施。与会议医疗服务点的负责单位签订服务协议。明确医务人员及其数量、医药费开支等相关问题。

2. 告知

大会设立医务室应当向全体与会人员告知。一般是在会序册的会议须知中注明医务室的房间、电话，同时在会议住地的显著位置设置比较醒目的指示牌，告知医务室的具体位置。

3. 协助

当与会人员需要到医务室或者到医院就医时，会务工作人员应及时给予帮助，必要时应陪同前往，协助办理相关手续。

4. 慰问

得知与会人员中有人感觉身体不适或患病时，会务工作人员应当进一步了解情况，到病员房间或医院慰问，表示关切。同时按照医生的意见，安排好会议期间的病员饮食。

5. 报告

会议期间如果发生与会人员患大病、重病，一方面要安排好就医，另一方面应及时与所在单位联系，必要时通知家属。如果在同一天发生五人以上患同一种疾病（如肠道疾病）时，应当立即向会议的主要领导和有关部门报告，及时采取有力措施，防止发生更大范围的交叉感染。

6. 协调

会议期间，如需安排与会人员集体外出活动，且距离较远时，应安排医务人员随行，以防不测。同时要制定应急预案，并与相关单位或部门建立必要的联系，做好相关协调工作。

（二）驻会医疗服务的主要任务

刘叶，是一名心内科的主任医师。由于她擅长中老年人常见病的综合防治，医院领导曾多次委派她参加全国性会议的医疗服务工作。在会议医疗服务方面，刘叶积累了丰富的临床经验。每次上会之前，她总是要事先提出一些问题，与会议承办单位进行面对面地沟通，然后开始做上会的各项准备工作。她为什么要这样做呢？

1. 了解开会的地点

如果在当地，考虑会址与医院的距离，测算遇有紧急情况到达医院的最短时间；如果在外地开会，则要了解会议所在地的医疗资源的分布状况，必要时建立联系和沟通机制。

2. 与会人员的构成和地区差异

一般情况下，与会人员中青壮年的比例较大时，患病的比例较小；而中老年人比例较大时，患慢性病的居多；冬季或在寒冷地区开会，患呼吸道疾病的机率相对偏高；春季或在南方地区开会，患过敏性疾病的机率偏高。但某些疾病呈现年轻化、低龄化的趋势，特别是对心脑血管疾病的发生，也不能麻痹大意。人员的地域差异，不良的饮食习惯，或餐饮的卫生条件等，也往往会成为发病的诱因，同样要引起足够重视。

3. 会期

根据会期的长短，准备常用药和常用医疗用品的种类和数量。同时，备好常用医疗器械，保证其达到正常使用功能。

4. 会议的主要议程

重点了解会议是否安排与会人员集体参加室外活动，针对参加室外活动的时间、路程、地点、人数等基本要素，采取有针对性的预防措施。

5. 与会人员名单

了解与会人员在会议期间的分布情况，以便于业余时间进行必要的走访和接诊后对病员进行回访。

在刘叶看来，了解这些会议的有关情况，对于提高会议医疗服务的质量，是十分必要的。因为会议医疗服务，由于客观条件的限制，不可能像在医院接诊那样，进行全面的检查和常规的治疗。会议医疗服务以预防疾病的发生和缓解一般性疾患症状为主，对于通过常规用药难以缓解症状的疾病或传染性疾病，应当及时帮助病员到正规医院就医。

（三）为驻会医务人员提供服务

为大会服务的医务人员是会议请来的客人，会议主办单位应当为医务人员提供必要的服务。包括提供与其他会务工作人员相同的待遇，安排比较方便的工作环境，配备必要的工作用车，等等。

1. 住宿

医务人员的工作环境应当整洁卫生，方便与会人员就诊。因此，在安排医务人员住宿时，应当既满足医务人员自身的生活需要，又要考虑便于为与会人员就诊。因此，一般都把医务室放在一层，最好安排套房，里间住宿，外间接诊。如果没有套房，应将医务人员住宿的房间与接诊的房间紧邻。

2. 伙食

驻会的医务人员与其他会务工作人员在一起就餐，没有必要单独安排。但由于会议的医疗服务一般是 24 小时不间断服务，因此，应当考虑为医务人员准备一些方便面、饼干、牛奶等方便食品。有时，还可能因为工作的原因，不能在规定的时间内到餐厅用餐，会务组应当及时与餐厅联系，为医务人员提供就餐方便。

3. 支持

会议进行中，一些与会人员突发疾病是难以避免的，特别是以老年人为主体的会议。驻会医疗服务不具备输液条件，遇有紧急情况时，会务工作人员应当立即配合医务人员采取果断措施，在车辆使用、人员配备等方面予以大力支持，并主动协助安排到就近医院处置。

第六个问题：会议安保服务

会议的安保服务，按照预先制定的会议安全保障方案展开。会议安保服务的目的，是保证会议场所、住所，以及会场活动场地的安全，为会议的顺利进行和达到会议预期效果提供安全保障。会议的规格、规模、内容和与会人员的构成，是展开安保服务工作的依据。

会议的安保服务工作，由大会筹备机构设置安全保卫组负责。其主要任务：一是对包括会议场所、住所、业余活动场所以及用餐地点的警戒，确保会议所需设施设备和与会人员的人身财产安全；二是监制会议证件、负责发放及查验；三是对会场内外环境和设施进行必要清理、检查，发现问题及时处置；四是对会场周围的闲散人员进行必要的监督、盘查和清理，防止任何与会议无关人员进入会场；五是配合会议主办单位做好现场参观或其他集体活动的安保工作，并与交通管理部门取得联系，做好沿途交通疏导，防止交通事故；六是制定应对突发事件的处置方案，一旦发生问题，迅速反应，妥善处置。

重要的大型会议的安保工作，应当以所在地公安部门为主，会议主办单位的安保部门协同配合，除上述主要任务外，还包括领导人在会议期间的警卫、与会人员到达或返程时，对车站、机场、码头等地的安保工作。必要时，对餐饮部门的食品加工和会议饮用水进行监控。涉及秘密的会议，还要加强对会议涉密文件的保护。

安全保卫组应当根据会议的规格设置，不可小题大做，更不可兴师动众。一般性会议的安保服务工作，应当由会议所在宾馆（饭店）或会议主办单位的内保人员担当，并严格按照有关规定执行。

第七个问题：会议车辆服务

会议的组织筹备工作往往离不开车辆的使用。尤其是大型会议，对车辆的种类和数量都有要求。怎样合理调用、科学安排，直接关系到与会人员的集体活动和会议组织工作。

（一）会议车辆服务的原则

老林是汽车队的队长，在会议车辆的调度、使用、管理等方面有着比较丰富的经验。他在安排会议车辆时，始终坚持“四个必须”的原则。

1. 必须确保安全的原则

在安排会议用车时，优先使用本单位的车辆。本单位车辆不足时，再向有资质、可信度高的出租车公司租赁，但要严格控制租车数量。不可借用私家车作为会议用车。无论是本单位的车辆，还是租用车辆，上会前，一律进行安全检查，绝不允许带“病”车上会。会议用车的驾驶员必须具有娴熟的驾驶技术和丰富的驾驶经验，严格遵守交通法规，不超员、不超速，当行驶中车辆发生故障时能够快速排除。

2. 必须保持车容整洁舒适的原则

会议用车，无论大车小车，在出车前必须整理车容车貌，保持车窗、座椅干净整洁，车内无异味，使人乘坐舒适。

3. 必须实行统一管理的原则

由大会对会议使用的各种车辆进行统一编号，所有车辆的使用，实行统一调配，当会议安排与会人员集体出行时，必须按编号顺序鱼贯而行，相互照应，不允许相互超车。

4. 必须坚持节俭的原则

根据会议的规格和实际需要从严掌握用车数量，决不允许公车私用。做到既保证会议用车，又节省会议开支，降低会议成本。

（二）会议车辆的使用和管理

老林在使用和管理会议用车时，坚持“三个统一”。即统一配备、统一调度、统一管理。

1. 车辆的配备

会议用车主要包括代表用车、工作用车两种情况。代表用车主要用于出席会议的正式代表和列席代表参加会议活动时使用。代表用车一般安排中型或大型客车。工作用车主要用于会务工作人员和为会议服务的其他人员迎送代表、办理事务时使用。工作用车一般有轿车和小客车两种车型，其数量依会议规模而定。

2. 车辆的管理

车辆管理实际上是对驾驶员的管理。因此，老林建立了相应的管理制度。如公里核算制度、派车登记制度、安全检查制度、清洁卫生制度等，并对制度的执行情况进行检查。上会之前坚持对驾驶员进行适当的培训和教育，包括安全教育、责任意识教育和常用礼仪常识教育，保证服务质量。做到确保行车安全，注意仪表仪容，文明礼貌驾驶，服从调度指挥。

3. 车辆的使用

会议集体活动用车时，根据会务组对与会人员进行分组情况进行车辆编队，对号乘车，每辆车都要安排联络人员负责组织和相互联络。车辆编队不宜过长，以免对当地交通造成影响。同时，每次集体用车时，老林都会安排至少一辆随行备用车，以防止车辆发生故障而影响会议的活动。

（三）会议车辆服务的注意事项

1. 出车前进行检查

出车前对车辆进行检查是驾驶员应当具有的常识，既是驾驶员了解车况的过程，也是对与会人员的乘车安全负责。

2. 保证驾驶员有充足睡眠

会议期间车辆使用除集体出车外，没有固定的周期和规律。因此，为了保证车辆随叫随到，并保证安全驾驶，驾驶员必须有足够的睡眠时间，以保持旺盛的体力、精力，以最佳的精神状态完成服务任务。

3. 随时保持联络

随着私家车越来越多，路面拥堵情况越来越严重，路况也越来越复杂。会议用车的驾驶员在单独出乘时，应当与会务组保持畅通的联络，以便在遇到突发情况时，能够及时采取措施。

第九章 会议活动服务

9

会议活动服务，是指会务工作机构为与会人员参加会议集体活动而提供的相关服务工作。如，为了突出会议主题，推广先进经验，某些现场会或经验交流会安排的现场参观或观摩活动；为了鼓舞与会人员的士气，表彰先进，一些表彰性会议常常安排领导接见先进集体和个人代表；为了增强会议的纪念意义，使与会人员对会议留下深刻的印象，会议主办方还会安排全体与会人员合影；为了缓解会议的紧张气氛，调剂会议期间的业余生活，增进与会人员的交往和友谊，会议主办单位组织与会人员开展一些健康向上的文化娱乐活动等等。这些活动，有的是会议议题的延伸和补充，有的是会议议程以外的，又为提高会议效果起到辅助作用的。组织好会外活动，为与会人员提供优质服务，同样是会务机构的工作内容，要认真对待。

第一个问题：现场参观的组织与服务

会议组织的现场参观活动，是为会议的主题服务的，有着明确的目的性。因此，在组织现场参观之前，会务工作人员应当根据参观的目的，努力使参观活动取得最佳效果。

（一）精心策划方案

一是参观什么，有哪些特点和独特的做法、经验；二是怎么参观，先看什么、后看什么，怎样衔接；三是是否安排专人边走边看边讲，谁来介绍，为谁介绍，要不要准备有关材料；四是如何组织，什么时间、什么地点，是否分组，分几组合适，每个组各有多少人；五是如何服务，用什么车，用几辆，在哪儿上车，在哪儿下车，如何引导，等等。所有这些问题，都要列入方案之中。

（二）细心组织实施

一是了解讲解的内容、时长、音量，如果人数较多，应当准备扩音设备；二是提前勘察行车和参观路线，计算好途中距离和需要的时间；三是两个组以上交叉参观时，要精心设计每个组的参观路线，掌握好时间差，有条件时应先行组织模拟演练，防止互相干扰；四是维持好现场参观秩序，安排专人引导，必要时设置防护设施，配备防护用品，确保安全有序；五是保持现场环境整洁，物品码放整齐，参观通道顺畅，交路衔接紧凑；六是确定各组联系人、联系电话，保持各组联络畅通，相互照应。

（三）热心提供服务

一是准备一份参观服务指南，使与会人员了解和掌握参观的具体安排和有关注意事项；二是准备参观用品，包括矿泉水、出入证、防雨、防晒物品等；三是耐心解答参观者的询问，对于参观者感兴趣的问题，有条件时应进行直观演示，以增强参观的效果；四是选择最佳行车路线，如果乘坐汽车时间较长，适当播放音乐，调剂行车途中的气氛；五是安排随车医务人员，备好预防晕车的药物。

（四）全心保证安全

一是对乘用车辆进行必要的检查和保养，保证车辆具有良好的运行状态；二是选配优秀驾驶员，如行程较远，连续驾驶超过 3 小时应停车休息或更换驾驶员，以确保行车安全；三是与当地交通管理部门联系，通报有关情况，请求在可能的情况下协助引导车队行驶；四是如果需要车辆编队行驶，应配有联络工具，前后照应；五是至少配备一辆备用车，以保证个别车辆出现故障时，能及时替代行驶；六是制订应急方案，发生意想不到的事情时，立即启动，果断处置。

第二个问题：集体照相的组织与服务

一般比较重要的会议或有重要领导同志出席的会议或庆祝活动，往往组织与会人员集体合影或安排领导同志接见先进单位和先进个人代表并合影，以留作纪念。

（一）组织集体照相的具体工作

第一，掌握参加集体照相的人员构成，包括参加照相的总人数、领导的级别与人数、男女的比例等，以便设计照相的总体方案。其中包括照相人的位次排序，照相的时间、地点、背景以及相纸的理想尺寸等。

第二，编排集体照相的个人位置图。了解会议主管领导对集体照相的具体要求，以便按照领导意图，做好准备工作。

第三，选择有纪念意义的背景。一般以会场场景或会址建筑物的正门作为背景。必要时请摄影师提前察看摄影场地，根据上午或下午的时间，确定摄影的方向和位置，并根据天气变化情况，及早提出变更意见。

第四，聘请高水平的摄影师，选择光线比较好的时间段，确定照相的具体时间和相机的具体位置。人数较多时，合影的队伍应当设计成弧形，以使所有人都与照相机的角度相当。当队伍超出镜头的最大广角时，应采用旋转照相机连续拍摄，以确保照片质量。

第五，准备好站位的活动台阶，没有活动台阶时，如光线等条件允许，也可用建筑物台阶替代。

第六，做好场地的环境布置，人数按位置图要求的数量准备好前排座椅，并贴好事先写好的名签，以便于“对号入座”。

第七，责成专人协助摄影师做好现场指挥，按照由后到前、先高后低的顺序，组织人员站位，既要迅速，又要注意安全，防止人员拥挤造成跌落。队伍站好后，应逐排逐人地检查前后排有无遮挡，高矮是否协调。为了避免有人眨眼、闭眼或有其他动作，集体合影应当不少于三次成相，以保证照片的质量和效果。

第八，与摄影师商定样片的取相时间，经确认无误后交照相馆洗印、包装。相片洗印好后，尽量在与会人员离会前发给个人，来不及分发时，应妥善包装，通过适当方法，尽快递交本人。

（二）集体照相位置的排序方法

1. 前排座位排序

集体照相应将座位和站位分别排序。座位的排序方法可比照主席台座次的排序方法排序。

2. 后排站位排序

后排站立位置的排序方法很多，可以根据人数的多少灵活掌握。常用的方法有三种。

（1）按代表团（或按会议分组）分块排序。这种方法比较简单，易于组织，但各代表团（组）的位置不平衡。

（2）按“无序”排列法排序。“无序排列”并不是大家随意站，而是将各代表团（组）的人员人为地打乱原有的顺序，按照一定的规律重新组合。方法是，以各代表团（组）为单位各站成一路纵队，分别从各队第一名开始横向组合（第二名接第一名队尾，第三名接第二名队尾，以此类推），由站位的第一个行至中间，依次向两边排列，第一排站满后，再站第二排，直到全部站好。“无序”排列法操作比较复杂，但各代表团（组）的站位相对比较平衡，大家容易接受。

（3）“定位”排列法，即把所有站位标明牌号，然后对号入位。这种方法需事先设计好站位图，并发给个人，按号就位。“定位”排列法比较适合站立人数少，层次单一的队伍排列。人数较多时，应当按照排序图逐排组织，以防止发生混乱。

不论采取哪种方法排列，都应当注意使每一排站立者的位置相对错开，以获得最佳的照相角度。照相队伍的组织应先从站立队伍开始，待站立队伍站好后，再安排前排的领导同志就座。

当领导同志接见与会代表，与被接见人站立合影时，领导应站在被接见人的中间；同时有几位领导接见时，最高级别的领导站在中间，其他领导可以与被接见人相间分列两侧，也可以先安排领导站在前排中间，再组织其他人员站在领导两侧。当领导只接见一人并合影时，被接见人应站在领导的右侧。

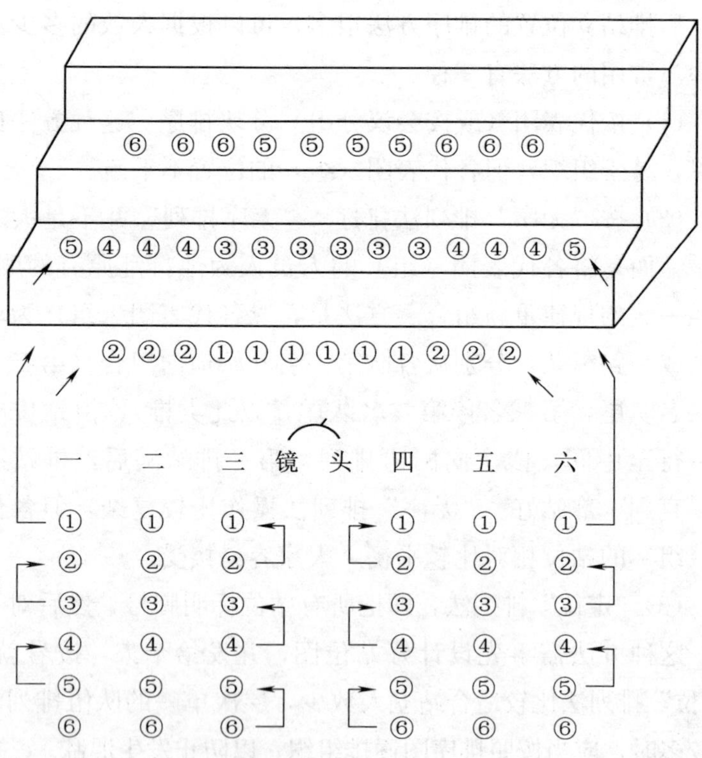

图 9-1　照相位置“无序排列”示意图

13　11　10　12
15　14
17　16
19　18
3　1　2
5　4
7　6
9　8

图 9-2　站立合影的位置排列示意图

第三个问题：业余文娱活动的组织与服务

会期较长的大型会议，通常需要安排一些有益的业余文化娱乐活动。组织开展适度的文娱活动：一是为了活跃会议的气氛，丰富会议期间的业余生活，促使与会人员保持旺盛精力，提高会议的效率和质量；二是为了让与会人员相互之间更多地接触和交往，增进了解和沟通、增进友谊、增强团结。

（一）组织娱乐活动的原则

组织会议期间的文娱活动，应坚持以下原则。

1. 轻松愉悦的原则

会议期间安排一些文娱活动的目的是调节会议的气氛和与

会人员的情绪，活动项目的安排，应当有利于放松身心，不宜组织体能消耗较大的活动。要根据与会人员的知识结构和年龄结构等实际情况，设计娱乐活动的形式。

2. 自愿参加的原则

不搞硬性规定，也不可强求一律。毕竟是会外活动，并且每个人的业余时间都可能有个人的安排和打算。因此，会议期间的文娱活动应当发一个“告示”，以便于与会人员有选择地自愿参加。

3. 组织有序的原则

既然文娱活动是在会议的整体进程中安排的，就应当强调有组织、讲秩序，提前做好各项准备工作。不能临时动意，即兴而为。

4. 适当有度的原则

每一次文娱活动的时间不宜过长，也不必过于频繁，不要因此而影响与会人员的正常休息。

5. 节省开支的原则

会议期间的文娱活动，应当以与会人员自娱自乐为主，不得用会议费邀请专业演出队伍。要严格控制文娱活动的费用支出，不可超过会议预算额度。对于活动中涉及自费的项目，要在事先向与会人员说明予以必要的提醒，以免引起误会。

6. 安全第一的原则

会议主办方在组织文娱活动时，对与会人员的人身安全负有一定责任。因此，要制订应急预案，备有安全保障措施，不组织带有危险性的活动。

（二）文娱活动的形式

会议文娱活动的形式很多，大致可以分为观赏类、健身类和娱乐类。

1. 观赏类活动

观赏类活动，主要有电影、文艺演出、参观艺术展览等。组织观看电影和文艺演出，要提前统计人数，提前预订场次和座位。组织参观展览活动，要提前安排好解说员和相关介绍材料。

2. 健身类活动

有效利用会议所在宾馆（饭店）的健身场地，可以由与会人员自行前往，自主选择项目；也可以有组织地开展游泳、球类等小型比赛。为了增强趣味性，还可以准备一些小奖品，以资鼓励。

3. 娱乐类活动

主要是组织与会人员开展一些趣味性较强的游戏、唱卡拉OK等活动。组织这类活动要对与会人员的特长、兴趣、爱好等有所了解，以便做好发动工作，免得冷场。

（三）安排文娱活动的工作流程和注意事项

1. 在兼顾与会人员的宗教信仰、兴趣爱好和要求的基础上，拟定活动方案（含预算），报请会议主管领导审定。

2. 联系活动场所，确定活动项目。

3. 检查活动场所的准备情况，印制活动安排表，提前告知与会人员。

4. 分发入场券或凭会议证件出入活动场所。

5. 准备物品，如茶水、矿泉水，照相、摄像器材等，活动地点应尽量避免远离会址。

第十章 10 会议结束后的相关工作

会议结束后，会务工作并没有完全结束，还要做好会务用品、会议用房、会议文件的清理，会务工作总结，会议精神的传达贯彻等一系列工作。

第一个问题：清理工作

会议的清理工作主要包括清理会务用品、清退会议用房和清退会议文件等内容。

（一）清理会务用品

各种会议，无论会期长短，都会使用一些物品为会议服务。有些是一次性的，而更多的则是可以再次使用的。对于一次性的会务用品，如会标、横幅、指示牌、会议证件、文具等，可作为低值易耗品，作一次性处理。对于会议期间使用的各种设备则应分清租赁和自带的，分别进行清点和统计，属于租赁的，应当整理好，完整无损地归还租借方，取回借条，清算租金；属于自带的则应责成专人带回单位。

（二）清退会议用房

会议结束后，会议用房随着与会人员离店，陆续清退，但仍有少量房间用于会务工作人员进行会议收尾工作。清退会议用房时，应当对会议期间所使用的全部房间（含大小会议室）使用的天数（次数）予以核对确认，以便于清算会议经费。

（三）清理会议文件

会议结束后，有些与会人员会将部分会议材料遗留在会场。这些材料有的是文件草稿，有的是会议参考材料。清理会场或住宿房间时，会务工作人员应当将其全部收回，集中销毁。

第二个问题：会务工作总结

会议，尤其是大中型会议的组织筹备工作是一项非常复杂的系统工程。经过全体会务工作人员的共同努力，全面完成了会议筹备方案中确定的各项工作任务。为了总结办会的经验，不断改进和提高办会的质量，会议结束后，会议主办单位应当进行会务工作总结。

会务工作总结的内容包括两个方面。一是肯定成绩。在会议组织筹备的整个进程中，参加会议筹备工作的人员通过参与一个或几个方面的具体工作，在完成任务的同时，也开阔了视野，积累了经验。通过总结，提出哪些地方、哪个环节做得好，有哪些优点应当更好地发扬。二是找出不足。由于参与会议筹备工作的人员个人处理事务的思路、方法各有不同，在整个会议的组织筹备过程中，各个环节难免会出现一些考虑不周的地方。哪些地方、哪些环节出现的什么问题，应当引起注意并且加以改进。

会务工作总结，主要应当从以下一些方面进行分析、归纳和总结。

1. 机构设置。在会务工作机构的设置方面，人员安排是否以事定岗，以岗定人，是否存在人手不够或人浮于事的现象；与各方面关系协调是否和谐融洽；解决问题的能力如何。

2. 会址条件。在会址的选择方面，是否满足了会址选择的基本要求；交通条件如何；基础设备、设施是否便利；住宿、餐饮的条件、环境及其服务质量如何；会议场所指引标示是否醒目、美观。

3. 接待服务。在会议接待方面，会议的报到、签到工作是否顺利、程序是否简便快捷；会议接待人员是否做到热情、文明、礼貌，工作效率如何；交通服务是否安全、快捷、周到；返程票务是否满足与会人员的要求，分发是否准确、及时；与会人员对接待工作的满意度如何。

4. 会议文件。在会议文件的准备方面，文件的起草是否符合会议的主旨；所有文件印制是否规范；文件印刷质量如何；各种文件的数量是否满足会议需要。

会务工作总结，是对会议进程总体情况的回顾、分析和评价，可采取召开会务工作总结会、与部分会务工作人员座谈交流、评估问卷、个别访谈等方式进行。无论采取哪种方式，会务工作总结都要趁热打铁，趁会务工作人员印象深刻的时候进行。

会务工作总结应当形成文字材料或责成专人起草会务工作总结，以备日后查阅。

第三个问题：清算会议经费

会议经费清算的依据是会议经费预算。清算会议经费的主要支出项目包括。

1. 场地租用费（按所有会议室、会客室的使用次数和单价结算）。

2. 会标制做费（按条幅的数量和字数结算）。

3. 餐饮费（扣除与会人员交纳的费用总额，按照伙食标准与实际用餐人数、天数、次数结算）。

4. 住宿费（除与会人员交纳的费用外，应由会议主办单位支付的房间预留费和会务工作人员的房间使用费，按房间单价与会议天数、间数结算）。

5. 会议用车辆和会场专用设备的租赁费（按实际使用数量或次数结算）。

6. 按会议主办方要求，增加项目的会场布置费（按实际支出结算）。

7. 会议期间与会人员业余活动的场地使用费（按实际人数或使用次数结算）。

8. 其他应当由会议方承担的费用开支（不超出经费预算、开支符合规定的，经经办人签认后，按实际支出结算）。

清算会议经费应当由会址所在单位开具收支细目，由财务组进行认真审核，并根据经会议领导审定的会议预算进行结算。对于超过预算的项目和费用，无正当理由的一律不予报销。剔除不属于单位报销的项目后，由会址所在单位开具发票，以支票形式结算。会议经费的报销应按规定履行相关审批手续。

第四个问题：会议精神的传达贯彻

召开会议的目的，就是要推动工作。不能以会议已经开过了，领导在会上讲话了，作为衡量会议是否成功的标志，关键是要把会议形成的决策事项通过传达贯彻，变成干部群众的自觉行动，扎扎实实地把会议决定事项落实到位。会议精神的传达贯彻，要坚决摒弃以会议落实会议、以文件落实文件的形式主义做法。会议召开之后，最重要的是要抓好两件事：一是会议精神的传达，二是对会议决定事项的落实与督办。

（一）会议精神的传达

会议精神的传达贯彻是会议形式的展开和延伸，是落实会议决策事项的重要保证。传达会议精神，要做到及时、准确、务实、到位。

1. “及时”。在会议结束后，参加会议的单位和部门，要按照“马上就办”的精神，立即将会议的主要精神进行整理，形成一个完整的传达提纲，以最快的速度，传达到有关单位、部门和人员（上级对会议精神的传达有明确的时间要求除外），不得拖延。不要等上级的意见，也不要横着看其他单位。

2. “准确”。在传达会议精神时，必须符合会议纪要、会议决议（结论）或领导的讲话的本义，不得任意删减，也不能任意添加，更不能模棱两可、曲解原意。

3. “务实”。在传达会议精神时，要结合本单位、本部门的实际，提出具体的贯彻意见，制定相应的制度办法，明确具体的目标任务，而不是会议信息的简单重复，照本宣科，只满足于“念提纲、读文件”。

4. “到位”，就是按照确定的传达范围。需要广泛知晓的，要通过多种形式，力求达到家喻户晓，人人皆知；必须向某一层次的人员传达的重要会议精神，要采取记名传达的方式，直达其人；涉及保密内容的会议精神，必须严格按照保密规定传达，不可以任意扩大范围。

（二）会议精神的落实与督办

会议部署的工作任务、作出的决策和决定事项，具有强制性，必须认真贯彻落实。不能满足于会议精神传达了，任务已经布置了，就无事可做了。更不能因为会议精神触及到本单位的利益，就有选择地“各取所需”，甚至推诿扯皮、顶着不办。

抓好会议精神的贯彻落实，要着重在以下三个方面下功夫。

1. 统一思想认识。贯彻落实会议精神，首先要把思想统一到会议的精神上来，充分理解和认识会议精神的主要内容和目的意义，有针对性地解决思想认识问题。涉及全局性的工作会议、表彰会议和代表会议上的领导讲话和会议作出的决议、决定，对于指导和推动工作，具有普遍的现实意义，要大张旗鼓地宣传，把会议作出的正确决策，变成广大群众的自觉行动。

2. 明确目标任务。对会议决策事项，要逐项进行分解，该哪个单位落实的，就交给哪个单位；该谁落实的，就由谁负责。明确任务、明确时限、明确标准，制定推进计划和“销号”制度，形成“闭环”机制。

3. 严肃检查督办。凡是已经有明确要求的分工，要按照不同的时间节点和工作标准，检查落实情况。对完成任务的，要提出表扬，对执行不力，落实不到位的，要给予批评，严肃问责，并限期整改。

第四篇　常见会议的会务工作要点

会议有很多种类型，不同类型的会议，有着不同的特点。会务工作的着重点各不相同，工作的标准和要求也存在着一定的差别。本篇通过对典型的常见会议的会务工作要点进行简单概括，力求给读者以提纲挈领式的提示与参考。

第十一章

工作会议的会务工作要点

11

为了推动工作而召开的会议，都可以称为工作会议。本章所指的工作会议，是党政机关、社会团体或企事业单位为了贯彻党的路线、方针、政策，对本系统或本单位工作进行总结并作出部署而召开的会议。

第一个问题：工作会议的主要特点

（一）全局性

工作会议研究部署的是本系统或本单位的全面工作，无论是总结经验还是部署工作，都体现出明显的全局性特点。从全局工作的推进过程中，肯定取得的成绩，指出存在的问题，分析面临的形势，提出阶段性的目标任务。

（二）时效性

工作会议一般每年（或半年）召开一次，也有的在涉及全局性工作的重要阶段召开。其目的在于统一思想，推进工作。因而把召开会议的时间往往选在年底、年初，或某项重要工作推进的节点上，以便通过会议进一步统一思想认识，凝聚发展力量。

（三）广泛性

工作会议的参会范围比较广泛，人数较多，会期较长（一般为1～2天）。这是因为工作会议的内容涉及全系统或本单位的各项工作，需要让更多的人了解和掌握会议的主要精神，把会议决定事项变成群众的自觉行动。

第二个问题：工作会议的基本开法

召开本系统或本单位工作会议的时间、地点、主要议程、参加会议的范围，是否邀请上级领导出席并讲话、是否邀请相关单位和新闻记者出席，由其领导班子或主要负责人决定。一般情况下（特殊情况除外），上级领导机关不出席下属单位的工作会议。但有时也可以由上级领导通过信函或批示的形式，对会议提出指导性意见。对于本地区或对全国产生一定影响，并需要广泛宣传的系统性工作会议，也可以邀请部分媒体记者进行采访报道。

工作会议往往以全体大会加分组会议的形式召开。会议由本系统或本单位领导班子成员主持，主要领导在全体会议上报告工作或讲话；然后召开分组会议，与会人员围绕报告（讲话）展开讨论；部分单位代表在大会上或交流工作体会和经验，或交流对报告（讲话）的认识和体会；最后进行会议总结。

会议的议程，要结合本系统、本单位的实际，根据会议需要确定。有的会议，邀请相关协作单位的领导出席会议时，往往请协作单位的代表在大会上作简短的表态性发言；有的会议，在议程中增加了表彰先进的议程；有的会议组织与会人员进行现场观摩；有的会议增加了与下属单位负责人进行座谈的议程；还有的为了节省时间和资源，在会中套开其他部门的会议。这些都不是一成不变的。

第三个问题：工作会议的会务工作要点

（一）提前准备会议文件

工作会议的主要文件是工作报告和领导讲话。根据需要，有的会议还会安排部分单位进行典型经验交流。工作报告一般由工作回顾、形势分析和工作部署三部分组成。为了增强报告的针对性和可操作性，一般应在会前形成“征求意见稿”，广泛征求各方面意见。领导讲话，一般是对贯彻会议精神提出具体意见，应当特别强调会议的主要精神和推进落实的措施。经验介绍材料，要求具有典型借鉴意义，突出材料的特色特点。无论是工作报告还是领导讲话，都要言简意赅、言之有物，不讲空话、套话；交流材料也要突出主题，突出体会和做法，必要时应当限定篇幅。

（二）尽快发出会议通知

工作会议的通知要提前几天发出，使所有与会人员能够在会前统筹安排好各项工作，避免因参加会议而影响正常工作。有的会议需要一些单位准备典型材料或汇报材料，要提前发出预通知，以便使材料的准备更加充分，同时留出对交流材料或汇报材料统一进行审定和修改完善的时间。工作会议的通知，一般采用公文样式，对会议的主要任务、召开会议的时间、地点、参加会议的人员范围，以及需要与会人员提前准备的事项，作出明确阐述。

（三）安排会议日程并编组

要将会议的时间、地点、会议内容、报告人、主持人、参加人员等提前安排好，并印发给每个与会人员，使他们心中有数。为了加深对会议的认识，集思广益，工作会议需要组织分组讨论。划分小组时，应当充分考虑与会人员的构成情况，把业务相近的单位尽量安排在同一小组，指定召集人和联络员，同时注意每个小组的人数不宜过多，以便讨论时每个人都有发言的机会。分组讨论时，联络员应当准备专用记录本，认真做好记录，并在会后进行整理。

（四）做好会场布置与现场准备工作

工作会议的会场布置比较简单。会场内要悬挂会标，也可以在会场内悬挂与会议主题相关的口号、标语（一般使用工作报告的标题），以烘托会议气氛。工作会议属于内部会议，布置会场时应当尽量俭朴，不摆鲜花。会场布置好后，应当对会议桌椅进行仔细检查，对话筒要逐个进行调试，并对会场内的通风、照明、空调等设备进行检查。

会议安排现场参观活动时，应提前做好参观现场的准备工作。参观路线要实地察看，充分考虑到交通、停车等实际情况，并做好各程序和环节的相互衔接。

第十二章

12 决策性会议的会务工作要点

决策类会议，也称办公会议。是一个系统、一个部门或一个单位的领导班子贯彻民主集中制原则，充分发挥集体领导的作用，按照上级有关指示，紧密联系本单位或本部门工作实际，研究处理工作中的重大问题并作出决策的会议。如企业中的厂长（经理）办公会、党政联席会等，都属于决策性会议。

第一个问题：决策性会议的主要特点

（一）会议周期相对固定

决策性会议一般采取例会制，每月或每旬召开一次。但也具有一定的随机性，如对某一突发事件的处理或临时需要研究某些亟待解决的重大问题时，根据需要也可以随时召开。

（二）与会人员和会议地点相对固定

决策性会议的规模一般不大，人员不多并且相对固定。但有时由于工作需要，往往临时请一些部门的主要负责人列席会议，有的列席人员只参加某一相关问题的研究。决策性会议一般设有专用会议室，便于研究问题，便于管理。会议室布置简单，体现民主氛围。

（三）议题具有较强的针对性

决策性会议的议题，一般是由办公部门向各主管某一方面工作的领导征集的、涉及全局性重要问题，或由单位主要领导提出的，需要集体研究决策的问题，具有较强的针对性。

（四）决定事项具有指令性和权威性

凡经决策性会议研究并决定的事项，对所属单位都具有较强的指令性和权威性。决定事项责成相关单位限期完成并进行督促检查。决定事项一般以会议纪要的形式体现。

（五）现场办公决策快、效率高

为了提高决策水平和办事效率，有时针对某些或某个问题，需要到基层调研，到现场办公。现场办公议的特点是了解和掌握第一手资料，有针对性地进行研究讨论，形成决策快、办事效率高。

第二个问题：决策性会议的会务工作要点

决策性会议的会务工作并不复杂，但由于是直接为领导决策服务，所以工作标准较高。因此，会务工作人员既要有超前意识，又要做过细的工作。

（一）合理安排会议议题并作好会议材料的准备

需要提请办公会议讨论决定的事项，一般由单位主管领导提出，由办公室进行汇总，请示主要领导研究后确定。办公会议题的数量，根据实际情况确定，可多可少。少则一两个，多则十几个。会议议题应当区分轻重缓急，涉及全局的比较重大的问题尽量安排在先，局部问题或一般性问题安排在后。议题确定之后，应当立即做好相关资料的准备工作，并提前印发给与会人员，以便在讨论决策时有所参考。对不成熟的和需要与有关方面协商的会议材料要尽早提出意见，在会前进行修改完善。

（二）尽早发出会议通知

会议通知可采用口头通知、电话通知或书面通知等形式，除临时紧急情况外，一般要提前两天发出会议通知，并将会议议题和相关资料送达与会人员。重大事项需提前一周，以便充分酝酿，并在会前交换意见，也可以先在一定范围内商议，然后正式上会讨论决定。

（三）做好会议服务工作

首先，要确保与会人员三分之二以上人员到会，并做好签到工作，有特殊情况临时不能参加的，要及时报告会议主持人。其次，要作好会议纪录，记录的内容要尽量全面、准确，有不同意见的，更应将意见准确表述清楚。再次，及时撰写会议纪要。会议纪要应准确、清楚地充分表述讨论、决策情况，经办公室领导复核并经会议主持人审核把关后，及时印发有关领导同志和有关部门抓紧贯彻落实。

（四）做好会议决策事项的催办与反馈

会议议定的决策事项，可由办公室主持分解到有关部门落实办理。办公室可指定专人负责催办并收集情况，可按照纪要，填写有关事项催办卡片，或派专人调查了解。办结事项及时向有关领导反馈，并按月、季作出总结报告，综合向领导汇报。重要问题可多次反馈，使领导及时了解办理情况。

（五）妥善处理文件

办公会议的记录及有关文件应当妥善保管，建立严格的管理及查阅制度。凡需查阅当年会议记录的，须经办公室领导批准。年终将上述文件装订成正式案卷，经查验合格后送档案管理部门保存和管理。

总之，决策性会议的会务工作要突出一个“早”字，即会议资料早准备，会议通知早发出，会议室早安排；强调一个

“快”字，记录的速度快，会议纪要起草快、发出快；把握一个“准”字，无论是会议纪录还是起草会议纪要，都要准确表达会议决策内容；牢记一个“密”字，对于会议研究的不宜公开的内容，会务工作人员要严格遵守保密纪律，不该说的不说，不该问的不问，不该看的不看，还要保管好会议文件、资料，防止泄密。

第十三章

13

代表性会议的会务工作要点

代表性会议多为大型的、权力性的重要会议，一般按照有关法律法规定期召开，具有一定的法律效力。如党员代表大会、团员代表大会、职工代表大会、妇女代表大会等。

第一个问题：代表性会议的主要特点

（一）具有法律依据

代表性会议的召开，具有一定的法律依据。如人民代表大会是依据《宪法》的有关规定召开的，党员代表大会是依据《党章》的有关规定召开的，职工代表大会是依据《企业法》和《职工代表大会条例》的有关规定召开的，等等。

（二）具有法定程序

出席会议的代表，是按照法定的程序产生的。一般代表性会议的代表，均需按照一定比例和程序，通过民主协商和民主选举产生。不是代表的本单位各部门负责人作为列席代表列席会议，同时邀请上一级机关领导以及相关人员出席。

（三）会议决议具有法定效力

代表性会议具有一定的职权，经过全体代表表决通过的会议决议具有法定效力。

（四）会议由选举产生的主席团主持

代表性会议由大会主席团主持召开，主席团成员由代表团（组）选举产生，大会执行主席由主席团选举产生，主持各次会议。

（五）会议规模较大

代表性会议的出席规模较大，一般采用大会与分组会议交替的形式，会期相对较长。

（六）会务工作需早做准备

代表性会议的议程较多，会务工作量相对较大，往往需要组建一个比较健全的会务工作机构，尽早做好相关准备工作。

第二个问题：代表性会议的会务工作要点

（一）文件准备

预先做好调研工作，组织较强的写作班子，尽早准备大会各种文件。主要包括：预备会议讲话稿；大会开幕词；工作报告讨论稿；代表资格审查报告；大会主席团各次会议的讲话；大会选举办法、换届选举的候选人建议名单及相关资料；闭幕式讲话稿；提交大会表决通过的有关决议（草案）等文件。其中工作报告、开幕词、闭幕词、换届选举的候选人预备名单以及会议筹备方案，须提前报上一级领导机关批准。

（二）组建工作机构

首先，制定详尽周密的会务工作方案，并向主管领导请示、报告。其次，提前调集会务工作人员，有明确的分工和具体的时间要求，强调通力合作，密切配合。第三，根据代表性会议的工作特点，在会前就有关会议的组织方式、选举程序、选举方式等，对会务工作人员进行必要的培训。

（三）准备会议用品

包括会议所用的车辆，会议证件，会标，标语，选举用品、文具用品等。

（四）提出建议名单

会务工作机构应在会前提出大会主席团建议名单、大会秘书长和副秘书长建议名单、大会代表资格审查委员会构成建议名单、大会选举总监票人、监票人建议名单、各代表团召集人名单等，除此之外，会议召开之前还应做好会议的议案和提案的征集、整理工作。

（五）接待与会代表

会务工作机构应当做好会议代表的接待工作，如代表的迎送、代表食宿的安排、会议的安全保卫等。会期较长时，预先安排好会议期间的业余活动。

（六）代表的资格审查与人员统计

认真做好代表的资格审查工作，组织好会议签到，人数统计必须准确无误，并在会议正式召开之前，向会议主持者报告会议应到人数和实到人数，以便根据代表的到会情况，决定会议能否如期召开。

（七）会场布置

布置好会议所需的大小会场。大会场要布置得庄严、隆重；小会议室要方便、舒适，并适当预留会议室，以备主席团临时召集会议。

（八）组织分团（组）会议

按代表团组织好分组讨论，认真做好会议记录。

（九）做好选举的准备工作

按有关规定和程序要求，做好选举的准备工作，包括选举办法、候选人推选情况说明、候选人简介，印制选票、准备票箱等。

（十）组织大会选举

选举工作是代表性会议的一项重要程序，须严格按大会通过的选举办法进行（选举前应提前准备相同数量的几套选票）。

大会选举，一般由大会选举的总监票人主持。其工作的方式方法、程序步骤，都有相应的规定和特殊的要求。组织选举工作，一般包括以下具体工作：

1. 清点选举人数；

2. 宣读并表决通过大会选举办法；

3. 选举总监票人、监票人和计票人；

4. 向大会主席团领取选票，并当众清点；

5. 按照大会实际出席人数分发选票（多余选票当众剪角作废）；

6. 对填写选票提出要求，并组织填写选票；

7. 当众检查票箱并加封；

8. 安排投票路线，保持投票秩序井然；

9. 清点投票数量并向大会报告发出选票张数和收回选票张数；

10. 计算并公布计票结果，并说明选举是否有效；

11. 将计票结果交大会主持人，并由大会主持人宣布选举结果。选举程序结束，选举结果报上一级领导机关批复。

（十一）审议并表决大会决议

组织代表对大会各项决议草案进行表决并形成大会决议。

（十二）做好大会宣传工作

为了做好会议精神的宣传工作，必要时可请一些新闻单位的记者出席。一般代表性会议的宣传工作，声势要大，宣传面要广，注重宣传效果。

（十三）组织好领导接见和代表合影

代表性会议往往是上级领导接见全体与会代表（或换届选举产生的新的领导班子成员）并与代表合影。会务工作机构应认真细致地做好相关工作。

（十四）做好会场音响的准备

代表性会议开幕时，一般奏（唱）国歌，选举时播放轻音乐，闭幕时播放大会指定的曲目（如国际歌、咱们工人有力量等）。所有乐曲都须提前试放试听，并按会议程序分别刻制光盘，以防止出错。

（十五）做好会议文件的后续工作

包括向上一级领导机关的专题报告，会议文件（资料）的回收、清退、立卷归档等。

第十四章

表彰性会议的会务工作要点

14

表彰性会议，是指一个单位、一个系统或者是一个组织、一个行业，对在一定周期内或某一项重大事件中涌现出的先进集体和先进个人予以表扬和奖励的会议。它具有鼓励先进、激励后进，弘扬正气、鼓舞士气，凝聚力量、推动工作的作用。

第一个问题：表彰性会议的主要特点

（一）规格高、规模大、人员多

参加表彰性会议的除先进集体和先进人物外，还有本单位的党政工团领导、各部门及所属单位的负责人。表彰性会议一般由单位的主要领导主持，并且往往邀请上级领导出席，并为先进集体、先进人物颁奖。规格比较高。同时，为了弘扬先进集体和先进人物的事迹和他们的精神，还要组织相当数量的群众代表参加会议。

（二）主题鲜明、程序简单

表彰性会议主题突出，议程单一，主要包括宣读表彰决定，颁发奖杯、奖章、奖牌或获奖证书，获奖代表发言，领导讲话等议程。

（三）形式热烈，会期较短

表彰性会议一般都是对在某一重大事件之中或某一时期之间，涌现出来的事迹突出、贡献较大的单位和个人进行表彰和奖励，会议形式隆重、热烈、喜庆，振奋人心。表彰性会议的会期一般较短。

第二个问题：表彰性会议的会务工作要点

（一）布置会场

表彰性会议的会场布置要突出隆重、热烈的气氛。会场外部可以适当布置一些鲜花和彩旗，张贴相关内容的标语，展示先进典型的事迹图片，还可以组织为先进代表献辞、献花，以示敬佩和祝贺。

主席台是会场布置和装饰的重点。布置主席台时，要考虑会场的隆重和热烈的背景要求，可以红旗或其他标志性装饰为背景，也可以制作比较喜庆的背景板。主席台第一排桌椅与台口的距离要适当远一些，以备颁奖。

（二）准备好会议文件

表彰性会议的文件，主要有表彰决定、代表发言和领导讲话。代表发言的重点应当着重介绍主要事迹，并表示珍惜荣誉、再接再厉、更加努力地做好本职工作。领导讲话的重点是对先进代表取得的成就和作出的贡献，给予充分肯定，对如何弘扬先进思想、凝聚力量提出号召和要求。

（三）拟订会议议程

一般应包括以下一些内容：全体起立，奏国歌；宣读表彰决定；颁奖；先进代表发言；领导讲话；大会结束。

（四）组织代表入场

出席表彰会议的先进代表，应有明显的标志，可为他们佩戴红花或绶带。先进代表进入会场时，场内应播放欢快的乐曲。代表人数较多时，应分成若干代表团，尽量安排他们在前排就座。为了表示对先进代表的敬佩之意，可先组织好群众队伍入场，当先进代表进入会场时，全场起立，热烈鼓掌。

（五）认真组织好颁奖仪式

要预先制定颁奖方案，并将颁奖的程序和动作在颁奖前向授奖的领导和领奖的代表讲清楚，若条件许可，最好能组织领奖人先行演练。既定的程序和动作不要临时改变，以免在颁奖时出现错发和漏发。颁奖时通常播放或演奏旋律欢快、节奏感强的乐曲（《如运动员进行曲》《步步高》等）。

组织颁奖仪式应注意下列事项：

一是按照先集体后个人的顺序颁奖；集体和个人分别有不

同级别的奖励时，按先低后高的顺序颁奖；相同级别的奖励，按代表所在单位或代表团的自然排序颁奖。如受到表彰的先进代表众多，可选择有一定代表性的代表上台领奖。

二是先进代表同时获得多种奖励时，颁发最高荣誉奖；同时获得奖状、奖牌、证书及其他奖品时，可颁发其中一至两种，其余奖品在会后另发。

三是获奖人数较多时，应分组进行颁奖。程序要紧凑，组织要有序。台上台下要相互照应，不要出现乱场和冷场的现象。

四是各种奖品不要都摆在主席台上或台前，以免破坏主席台的整体布局，造成台上凌乱或错发奖品。最好是把奖品放在后台，每发一组，由颁奖礼仪员向颁奖领导递送一次奖品。

五是忙而不乱，上台领奖的人员，要有人引导；要“对号发奖”，不要弄错。整个颁奖活动要安排得有条不紊。一旦在颁奖时出现错发和漏发，不要在台上急于调换或补发，待会后进行个别调整。

六是注意礼仪。出席表彰活动的人员要讲究一定的礼仪规范，尤其是主持人、颁奖人、受奖人，要注意仪容和举止表情，服饰整洁得体，授奖者和领奖者举止稳健大方。可以用握手、点头、鞠躬等方式表示祝贺或致谢。

七是组织好领导接见。会议结束后，有时还要安排领导同志与被表彰的先进代表合影。照相前应编排好位置图。领导同志一般坐在前排，座位排序与主席台排序方法相同，座椅应事先放好，并标有名签。先进代表通常站于领导身后，如领导同志人数较少时，可选择适当数量的代表坐在两边或与领导同志相间而坐。

表彰大会如果以广播大会或电视电话会议的形式召开时，需要提前做好主会场与分会场的相关准备工作。如，接通各分会场，会前要提前试机，逐一点名，防止出现音响设备和通讯线路故障。

第十五章

15 座谈性会议的会务工作要点

座谈性会议是组织有关人员沟通思想、交流信息、交换意见的一种会议形式。座谈性会议的类型主要有：纪念型、联谊型、研讨型，等等。

第一个问题：座谈性会议的主要特点

（一）形式灵活多样、不拘一格

灵活多样是座谈性会议的突出特点。会议规模可大可小，与会人数可多可少，会议时间可长可短，会议形式多种多样，会场布局不拘一格。

（二）主题明确单一、种类较多

座谈性会议的种类很多，就其内容而言，有征求意见的座谈会，有研讨问题的座谈会，还有纪念性、联谊性的座谈会，等等。无论哪一种类型的座谈会，所有参加座谈的人员，一般只围绕一个主要议题，阐述自己观点，发表个人意见。主题鲜明，议程单一。

（三）会议气氛融洽、平等相聚

座谈性会议的组织者与座谈对象之间，平等相聚，没有明显的上下级关系。所有与会人员根据个人对主题的理解和认识，可以直抒胸臆、阐明观点，交换意见、自由发言。民主、和谐的气氛浓重。

第二个问题：主持座谈性会议

座谈性会议的主持人是会议的核心人物，对于把握会议的节奏，启发和引导与会人员的思考脉络，调节会议氛围，控制会议时间等起着举足轻重的作用。主持座谈性会议时，应当注意以下几个问题。

（一）明确座谈目的

召开座谈性会议总是要出于一定的目的，或针对某项工作的开展，倾听各方面反映；或针对某些问题，集中群众智慧，研究解决办法；或在作出决策之前，诚恳征求群众意见，等等。作为会议的主持人，对于召开会议的目的应当最清楚。对于想了解哪些方面的情况，请哪些人参加会议并发表意见，都应当胸中有数。

（二）引导座谈思路

座谈性会议不像法定的代表性会议那样，有一份措词比较严谨的主持词。主持座谈性会议时，更多需要临场发挥。要视座谈对象对会议主题的理解程度和发言的欲望，积极启发和引导发言。使之不偏题、不跑题。

（三）注意调节情绪，把握节奏

与会人员在座谈性会议上的发言，随机性较强，没有固定的发言顺序。每个人的表达能力和水平，发言的准备程度不尽相同。因此，主持人应当始终把握会议的进程，有张有弛、急缓有度。既要注意调节与会者的情绪，激发与会者的发言欲望，又要把握好会议节奏。临近会议结束时，要及时“收口”，按预定的时间结束会议。

（四）注意营造和谐的会议氛围

参加会议的人员来自不同单位或不同岗位，彼此间未必了解和熟悉。在组织座谈时，主持人要善于营造民主、和谐的会议氛围。开始时，要作自我介绍，并简要介绍与会人员，让彼此消除陌生感。座谈会是“群言堂”，主持人要言简意赅地说明会议的目的意义和会议的开法，把更多的时间留给大家，力求让所有参加会议的人都有机会发表个人的看法和意见。不但要善于听取正面意见，也要倾听不同意见。会议进行中，主持人应当尊重每个人的发言，不随意打断，需要插话时，应当在发言人表达一个完整的意思之后。

第三个问题：出席座谈性会议

被邀请出席座谈性会议的人员，是经过会议组织者挑选和认可的。或对某项工作比较熟悉，或对某些问题比较关注，或对某一领域比较精通，并且有一定的议事议政能力和语言表达能力，有一定的代表性。被邀请参加会议，就是要对会议确定的议题，说明自己的观点和意见建议。因此，在接到会议的通知之后，要认真做好发言的准备。

（一）充分理解会议主题

出席座谈性会议，首先应当对会议主题有比较透彻的理解。只有对会议主题的充分理解和明确认识，才能在会上恰如其分地发表意见。

（二）设计发言的总体思路

要根据会议的主题，对自己的发言有一个总体设计，形成基本思路。必要时列个提纲，先说什么、后说什么，打个底稿。一般情况下，与会者发言时都要简单地介绍一下自己，来自哪个单位，从事什么工作，然后表明参加会议的态度。接下来转入正题，围绕会议主题，谈谈个人的体会、认识、感受，阐述自己的观点，提出建议意见。

（三）发言内容体现鲜明个性

表明态度时要坚决，不能含糊其辞；阐述观点时要准确，不能模棱两可；提出意见时要有个人见解，不能人云亦云。发言要有一定的逻辑性，表达意思完整，恰如其分；语言简洁明快，通俗易懂。

（四）广泛收集相关信息

与会者本身就有一定的代表性，同时要关注会议主题所涉及的事项，在社会其他方面的反映，尽可能多地收集与会议议题相关的各类信息，把不同层面的呼声反映客观地带到会上来，供会议的组织者参考，也可以作为自己发言的佐证。

（五）讲究礼仪规范

座谈性会议为会议的组织者与参加者搭建了一个互相交流的平台，也为所有与会者提供了人际交往的良好机会。参加座谈性会议，也要讲究人际交往的一些基本礼仪。例如，不在会议进行中接打手机、不在会场随意走动、不随意打断别人发言、参加会议不迟到，不早退、注意自己的着装和仪表仪容等等。

第四个问题：筹备座谈性会议

（一）精心挑选与会人员

召开座谈性会议之前，会务工作人员应当根据会议主题所涉及的范围，提出参加会议的建议名单，供领导审定。征求意见性的座谈会，与会人员应当具有一定的代表性；研究解决问题的座谈会，应邀请对拟在会上研究解决的问题比较熟悉或有一定专长的人；纪念性座谈会，应当视纪念的内容，邀请相关人员。一般情况下，参加会议的总人数应当适当控制，规模不宜过大，力求使应邀参加会议的人都有发言的机会。

（二）精心设计座谈方案

座谈性会议，一般采取自由发言的形式，发言的先后顺序没有明确的规定。但为了使会议组织得紧凑、顺畅，防止会议冷场，有些座谈会也可以在会前就发言人、发言内容、发言顺序设计一个预定方案，请一些人做重点发言的准备。预定的座谈方案应当经领导批准，并与本人打招呼。预定的发言顺序不宜公开宣布。

（三）精心布置会场

座谈性会议的会场形式应当与会议的内容相适应。会场布置要求朴素大方，突出团结、民主、和谐的氛围。座谈性会议一般不设主席台，主持人的位置不突出，不挂会标。出席会议的领导以及会议的主持人应当尽可能地同与会人员贴近一些，以便更直接地与大家交流。

座谈会的会场布局可采用“口”字形、椭圆形或圆形。与会人员围桌相向而坐，避免座位相背。如会场需要设置两排以上时，每一排都要摆放会议桌，并留有适应间距。如果应邀参加座谈会的人员互相不熟悉，应当在会议桌上为全体与会人员摆放座签。与会人员较多时，会场应备有扩音设备。会场内应根据座谈会的类型，摆放适当的绿植，以营造会议氛围。

（四）认真做好会议记录

座谈性会议属于探讨性的，一般不作决议，重要的可形成会议纪要。会议主持人与与会者围绕会议的主题，展开座谈，进行充分的酝酿和讨论，阐述自己的观点和想法。座谈性会议应当做好会议记录，重要会议还要求做详细记录，特别是一些具有一定政策性、指导性和建设性、总结性的发言（包括插话），应当准确、全面地记录，条件许可时可采用会议录音，会后及时整理成文，送交有关领导参阅，使座谈会的作用得以充分发挥。

座谈性会议可以摘要会议发言、编发综合消息，进行宣传报道。对于与会人员在座谈中提出的问题，要通过一定途径向有关部门反映，有的要责成有关部门或单位落实并有所反馈。

（五）热情做好接待工作

座谈性会议的与会人员是受会议组织者的邀请而来的，会务工作人员应当热情地做好接待和服务工作。如果邀请异地人员参加，应事先做好接待准备，妥善安排他们的食宿。在会议期间，会务工作人员要尽可能为所有与会人员参加会议提供方便条件和周到的服务。

第十六章

16 经验交流会的会务工作要点

经验交流会，是指一个行业、一个系统或一个单位，对某一时期、某一领域或某项重点工作中涌现出的各种典型事例和先进做法，进行交流和借鉴的一种会议形式。召开经验交流会的目的在于总结交流某项工作的经验，取长补短，推动全面工作，实现既定目标。

第一个问题：经验交流会的主要特点

（一）主题明确，会议交流的内容具有明确的指向性

会议选定的多个典型就同一个主题，从不同角度、不同侧面，紧密结合本单位实际，介绍各自采取的措施、方法、体会

和经验，以及取得的成果。

（二）联系实际，会议交流的内容具有较强的可操作性

交流的目的是为了相互借鉴，进而推动全面工作。因此，会议交流的内容要切合实际，既能体现各自不同的特色特点，又对推动全面工作具有参照性和可操作性。

（三）推广经验，对推进工作作出全面部署

召开经验交流会的核心目的，是靠典型引路，在肯定和推广先进典型经验的同时，激励其他单位学习先进经验，借鉴好的做法，努力改进提高，进而对推进全面工作，实现既定目标，提出新的要求并作出全面部署。

第二个问题：经验交流会的会务工作要点

（一）准备会议材料

1. 经验材料的准备

经验交流会重在交流经验，会议的效果如何，关键在于经验材料的质量。做好经验材料的准备，主要应做好两方面的工作。

首先，要善于发现典型。许多单位都做同样的工作，哪个单位推进的速度快，哪个单位工作的质量高，他们各自有哪些特点，他们的做法是不是对其他单位具有参考和借鉴的作用。这些问题，都要进行深入的调查研究。坐在办公室里，靠听汇报、要材料，是远远不够的。因此，在会前，应当组织专门的工作班子到基层去、到现场去、到第一线去，进行现场调研，

以掌握第一手材料，选准典型。选树的典型，可以是某个集体、某个单位，也可以是某个人。

其次，对典型材料进行深加工。对典型材料进行深加工，就是围绕某一主题，全方位、多角度地组织材料。一是对所有材料进行初审。初审的目的是将典型材料提炼出不同的特色特点。二是总结提炼经验，从材料的一般叙述中捕捉闪光的亮点，摸索具有普遍意义的一般规律。三是把住文字关，使经验介绍材料具有较强的逻辑性和文字表达的准确性。四是本着"少而精"的原则，优中选优。同时对经验材料的篇幅进行适当控制、限定发言的时间。

2. 起草领导讲话稿

经验交流会还要为领导准备一份总结性的讲话材料。起草领导的讲话稿，针对性要强，重点在于对典型经验给予充分肯定，强调推广典型经验的意义目的，提出今后工作的目标和具体要求。领导讲话稿的篇幅不一定很长，只要把问题讲清楚说透彻就行了。

经验交流会的会议材料，应当在会前以统一格式印刷并装订成册，于会前发给与会人员。

（二）准备会场

经验交流会的会场确定，应当从实际情况出发，可以在机关召开，也可以在现场召开，或者实行机关与现场相结合，采取现场参观与大会交流交替进行的方式召开。

1. 会场布置

经验交流会的会场一般按"礼堂式"或"教室式"格局布

置。主席台布置比较简单，背景无需进行刻意装饰，桌椅的数量按实际需要摆放。单位领导可以安排在主席台上就座，也可以安排在台下前排就座。介绍经验的人员应当按照发言的先后顺序，提前到主席台上备场。发言席（讲话台）设在主席台的右侧。按需要配备并调试好话筒，需要录像时，应当提前确定机位。需要使用“PPT”辅助介绍经验时，应提前备好笔记本电脑、投影仪等相关设备，并先行演示，以防止发言时出现设备故障，影响会议效果。

2. 现场布置

有些经验交流会为了增强直观效果，往往组织实地参观，对所介绍的典型进行认真考察，以获得更为直观的感性认识，增强学习交流的效果。参观现场的布置以“实”为主，不要刻意渲染。可以结合典型做法和经验，在适当位置摆放一些附有说明的实物或图片。场地要干净整洁，物品要码放整齐，参观时行走的路径要平整，指示要清晰，必要时应设专人引导。现场环境比较复杂或正在进行立体作业时，应当设置明显的安全警示或防护设施。

（三）会议组织

1. 议程安排

经验交流会的会期相对较短，议程安排比较简单，但应注意在安排会议议程时，尽量让与会人员有听、有看、有议，有消化经验的余地，不要“满堂灌”。主要议程有三，一是根据材料的内容按照一定的顺序，组织经验介绍；二是安排领导讲话；三是组织现场参观。

2. 会场的组织

会场组织要注意营造学习和交流的氛围。单位的领导和各部门的负责人应当尽量安排在会场的前部就座，以示重视。其他人员可以自由入座，但要责成专人进行组织和引导，避免出现会场“前空后满”的现象。会议进行中，应维护好会场秩序。

3. 现场参观的组织

组织现场参观时，应当把“安全”、“秩序”和“效果”作为重点。

安全是第一位的。进入有安全防护要求的现场时，应提前备好防护用品（如防护口罩、安全帽、防尘鞋套等），在入口处责成专人发放，出口处有人负责回收。需要集体乘车前往参观地点时，要按规定准备好所需车辆，保证与会人员的乘车安全。上下楼梯或在参观路径上遇有不可移动的障碍物时，应当注意提醒。总之，安全无小事，小心无大过。

建立和保持良好的秩序，是组织现场参观不可忽视的环节。首先，把握好时间节点。准时是建立良好秩序的前提。根据参观的内容和路径，测算总体需要的时间，既要使与会人员该看的都能看到，又不能走马观花。要提前设计好各个参观点的相互接续，特别是人数较多，需要分组参观时，更要注意时间节点的把控，避免相互交叉、造成干扰。其次，做好引导，防止掉队。与会人员对现场的环境并不熟悉，需要有人进行引导，特别是参观路径较长或环境比较复杂时，引导就显得更为重要。为避免与会人员掉队，应当注意参观队伍的前后呼应，并在沿途设置一些醒目的指示牌。

保证参观的效果，是组织现场参观的目的。重点要突出“两好”，一是讲好，二是看好。“讲好”，就是解说得好。讲解员可以由现场的负责人担任，也可以选择对现场比较熟悉的人担任。解说词要事先做好准备，重点突出，语言精炼；讲解员要声音洪亮、口齿清楚、语速适中，使人听得清楚，听得明白。遇有参观者提问时，应当给予明确的解释。人数较多时，需要配备扩音设备。“看好”，强调的是视觉效果。与会人员在听的同时，可以通过实物和图片，增强对参观内容的认识和理解。有条件时，也可以播放视频资料，以加深参观者的印象。

第十七章

17

新闻发布会的会务工作要点

新闻发布会是以发布新闻信息为主要内容的会议。是通过新闻媒介向社会发布重要消息或者是对某一重要事件作出解释，并且围绕主题内容回答记者提问的一种会议形式。

第一个问题：新闻发布会的主要特点

（一）形式郑重、可信度高

以举办新闻发布会的形式发布消息，形式正规隆重，信息的可信度高。特别是通过记者的提问，增强了信息在深度和广度上的有效性，易于公众接受。

（二）传播迅速，范围广泛

新闻发布会邀请多方面的记者参加，赋予信息以较快的传播速度和广泛的传播范围，有些还采用现场直播的形式，更增强了新闻发布会的时效性和社会效果。

（三）主题单一，程序简单

新闻发布会一般只就某一事件发布信息，其程序比较简单。通常只有三项：第一项，会议开始，由主持人简要说明召开新闻发布会的目的，介绍所要公布的信息和事件发生的简单经过；第二项，主办单位领导人讲话；第三项，由主办单位新闻发言人或相关人员回答记者提问。

第二个问题：新闻发布会的会务工作要点

（一）确定会议主题

确定会议主题要注意两点。一是具有社会价值。新闻发布会的选题很多，要看它的信息有没有社会价值，对社会的影响大不大，是不是公众普遍关心的问题。二是具有新闻价值。在新闻发布会上公布的信息，应当具有较高的新闻价值。虽然某一信息有一定的社会影响，但其内容与其他相类似，就会大大降低其会议效果。

（二）确定时间和地点

举行新闻发布会的时间，要考虑到发布信息的时效性。如某一重大事件发生间隔时间过长，再召开新闻发布会就为时已晚，失去了会议本身的意义。同时还要注意不要与国家举行重大庆祝活动的时间相冲突，以免难以组织记者参加。在地点的选择上，既要考虑有利于增强会议的效果，如在发生某一事件的现场召开，其效果就更具有真实性，可信度就更高。同时，又要考虑为记者创造良好的采访条件。如交通方便，环境安静，会场内备有录音、录像设备等。

（三）确定记者的邀请范围

新闻发布会，主要是面向新闻记者发布消息，邀请哪些记者参加，要根据发布新闻的内容和要求来确定。如果需要通过新闻发布会扩大宣传，扩大影响，其邀请的面就要广泛一些，人数也可以多一些，必要时还可以邀请国外记者参加；如果只是在一定范围内对某一事件作出说明或解释，则没有必要邀请面过宽、范围过大。

（四）确定主持人和发言人

新闻发布会要求主持人和发言人必须对问题敏感、思维敏捷、反映迅速、语言幽默。因此，确定主持人和发言人时应综合考虑其地位、素质、知识、口才、应变能力等多方面的能力。主持人和发言人最好由主办单位的领导或新闻发言人以及处理某一事件的负责人担任，因为他们对单位的情况或事件发生的经过和处理过程、结果清楚明白，回答问题具有权威性。

（五）准备会议材料

一般新闻发布会的会议材料有五种。一是主持词。这是主持人在会议之初就会议召开的目的、主题和发言人所作的简要介绍。二是发言人的发言稿。这是新闻发言人的发言提纲，也是新闻发布会的关键材料。无论是主要发布的消息还是要说明所公布的事件经过、真相，都要求紧扣主题，客观、全面、准确、真实、生动地进行介绍。三是针对会议主题，事先预测记者可能提及的问题，拟定回答记者提问的提纲。应当特别注意是，回答记者提问，一定要用词准确、言简意赅，不可以似是而非、模棱两可。四是与会议主题相关的，可提供记者参考的宣传材料。五是配合发言内容，加深与会者对会议主题的认识和理解的音像、图片、模型或实物等辅助材料。这些材料，应组成专门班子，提前做好准备。

（六）布置会场

新闻发布会的会场布置比较简单。一般多采用课堂式。即，主席台与记者席相对而置。主席台的背景可以是单位的标志，也可以专门为发布会制作背景板。背景板的主色调应与发布会的主题相适应。会场布置时应注意既要照顾文字记者或网络记者提问和记录方便，又要为摄影、摄像记者提供相应的工作角度，以增强会议的效果。

（七）做好相关准备工作和接待工作

包括安排专门人员负责记者的接待，组织签到，分发有关材料，座次的排序和座签的摆放，以及音响、投影等相关设备的准备工作，等等。

（八）做好会议后续工作

会议结束之后，要注意搜集到会记者在报刊、电视、广播的报道情况，检查是否达到了预期的目标。若发现报道有误，应及时更正。对会议进行过程中留下的文字、音像等资料进行整理，立卷归档。

后记

《转变会风从办会开始》与读者见面了，高兴之余，禁不住还想多说几句。这本书完稿之日，正好赶上我60岁的生日。回想参加工作的41个年头，虽然从事过许多工作，经历过不同的岗位，但会议筹办工作却陪伴了我大半个职业生涯。

书中讲到的故事，有许多是以身边的原型编写的，列举的事例，有许多是我亲自经历的，那些图表，有的是我一笔一笔亲手勾画的。可以说，这本书的编写过程也是我对会议筹办工作学习探索的过程、加工提炼的过程、总结提高的过程。

本书沉淀着各级领导多年以来对我的教育、鼓励与信任，承载着许许多多曾经与我一起工作过的同事们的关心、帮助与支持，可以说本书是办公系统许多同仁共同的经验和体会。

衷心感谢我的老领导蔡克芳先生亲自为本书作序，衷心感谢我的老朋友王鹤峰先生为本书提供了许多宝贵的素材，衷心感谢中国铁道科学研究院印刷室对整理书稿的鼎力相助，衷心感谢中国铁道出版社的大力支持！

由于本人的能力和水平有限，书中难免存在缺点和不足，恳切希望读者批评指正。

田建国

二〇一五年十二月